IN NANJING

东南大学出版社
SOUTHEAST UNIVERSITY PRESS

王少陵 装帧设计

南京佛寺寻訪

沈旸　毛聿川　戴成崑　著

EMPTY GATE

目錄

序

佛教自汉朝传入中国，虽为舶来，历经一千九百余年，早已汉化成为中国本土的佛教。六朝时期是佛教汉化的重要阶段，南京作为六朝古都，在佛教史上地位卓隆。

自魏晋南北朝及隋唐以来，佛教的盛衰与国家的治乱关系密切，佛法盛行时社会多安定发展。佛寺作为佛法承载的场所，需要满足信众的崇拜与信仰，其空间环境是见证与记录佛寺背后的文化之所在。

佛陀示生人间，说种种法，度脱众生。今天的佛教，广说无量法门，不外律、教、禅、密、净五宗。律为佛身，教为佛语，禅为佛心，密以“陀罗尼”总持身、口、意三业，净以念佛为修行法门。南京的佛寺，历经六朝的繁荣鼎盛、唐宋之开宗立派、明清的复兴维持，无论持何法门，均与南京的城市发展因循。千百年来，寺兴寺废，一花一叶，孤芳致洁。

南京佛教寺庙众多，南朝为最。《续高僧传·义解篇·综论》载：“钟山帝里，宝刹相邻；都邑名寺，七百余所。”杜牧的“南朝四百八十寺”绝不是指南京佛寺之数，而是说数量之多，最高峰时多达两千八百余所。至明朝初期，南京有灵谷、报恩、天界三大寺；栖霞、鸡鸣、静海、弘觉、能仁五次大寺；普德、清凉、金陵、永庆、吉祥、弘济、高座、鹫峰、瓦官、碧峰等三十二中寺；华严、安隐、天隆寺、唱经楼等小寺一百二十处，不具名小寺百余处。而到 1949 年前统计，全市（含郊县）尚有大小佛寺达三百七十余所。时至今日，众皆安好否？

刘敦桢先生手记中说：“惟土木结构不能相传。”中国传统建筑形式原本容易毁损，历史的变迁加剧了佛寺兴废的变化。南京的佛寺建筑，除了一些高级别的，或是在旅游景区景点内的得到较好的保护和利用，大多数则是任其自然，很多因各种原因破旧而遭拆毁，包含其中的历史文化信息、价值抑或精神也随之散去。

佛寺建筑经过千百年来的演变，布局、形制等已经稳定成熟，唐宋以来所形成的“伽蓝七堂”寺院格局逐渐成为佛寺建筑布局的蓝本。越是级别高的寺院越是讲究轴线与殿堂配置。相反，民间寺庙在这方面灵活得多，选址的地理位置、当家师傅的学养、所在区域的文化传承等等，无一不使这些寺庙展现出与大寺宏构所不同的意味。

佛教与中国本土自有的儒家、道教融合，自唐以后逐渐三而归一，形成中国儒为中柱、佛道夹辅的传统文化模式。“水有源，故其流不穷；木有根，故其生不穷。”这些散落在金陵故土上的佛寺所承载的文化内涵应该当有其存在的价值！

当代，个性文化或说文化多元性生命力彰显，寻访为录，此大匠度人之法也。

二零一五年九月于丹凤街唱经楼

卷一 妙筑佛光

寺庙之变
金陵佛缘
城踪寺影

寺廟之變

漢地佛寺緣起

佛教源于印度。古印度迦毗罗尔国王子乔达摩 · 悉达多出家修行发愿普度众生，感悟成佛称“释迦牟尼”。释迦牟尼涅槃后佛教教义在印度传播。之后，在孔雀王朝阿育王的扶持下，佛教传出印度。

佛教传入中国的准确时间，现已无从确考。《三国志 · 魏志》载，公元前 2 年，大月氏国使者伊存到了当时中国首都长安（西安）口授佛经给一个名叫景卢的博士弟子，这是中国史书上关于佛教传入的最早记录。由此推理，汉武帝开辟西域交通后，由印度传播到中亚的佛教有可能已经通过商旅往来向东方渐进。也有传说，与印度阿育王同时在位的秦始皇时代，已有印度的沙门室利房等十八人来到咸阳。阿育王举行第三次佛教结集大会后派大德赴各国传教，传到中国很有可能。另外，也有认为《史记 · 始皇本纪》中的“羡门”即沙门，但无译述学说传世，待考。

《三藏记集》《后汉书 · 魏书 · 释老传》和《四十二章经》等史籍记载，汉明帝永平六年（63 年）遣使臣蔡愔、秦景等前往西域访求佛法，之后他们同两位印度僧人迦叶摩腾和竺法兰回到洛阳，带回经书和佛像，永平十年（67 年）译成《四十二章经》。同时，在都城建造了中国第一个佛教寺院，就是今天的洛阳白马寺。

这些史料可以确定，佛教传入中国即使不始于汉明帝，但佛教作为一个宗教，得到了官方的承认，在中国初步建立了它的基础和影响是始于汉明帝年代，这是目前公认的中国佛教之缘起。

佛教初入中国以翻译佛经为基本传播方式，这一时期没有成规模的佛寺建设，除了供外来僧侣栖身译经的馆舍，并没有引进和修建印度传统寺院。东汉至魏晋南北朝，除了佛经的引进与翻译，进一步开展了讲经与说法活动，有一批杰出的佛教人士，如鸠摩罗什、安世高、佛图澄等影响巨大，在这些人的传播下，佛教进一步为大众所接受并开始中国化，由于对佛教的普遍信仰以及僧团的译经佛事活动，中国的佛寺建造在这一时期逐渐兴起。

“寺”“廟”

“寺”，在先秦是宦官的专称。《诗经 · 大雅 · 瞻印》“匪教匪诲，时维妇寺”中的“寺”就是这个意思。秦时，以寺宦任外廷的官职，其任职的地方统称为“寺”。至汉，推行“三公九卿”制度，官署均以“寺”称，“三公所居谓之府，九卿所居谓之寺。”九卿又称为九寺大卿，如廷尉官署称为大理寺，大鸿胪宫署称为鸿胪寺。“寺”成为朝廷所属机构的名称。汉明帝时，中亚僧人迦叶摩腾、竺法兰来汉传教，居鸿胪寺内，之后在洛阳城内修居建舍，遂以“寺”名，开佛寺之先河。之后“寺”作为官舍的名称淡化，“寺”成为佛教活动场所的专用称呼。隋唐后，摩尼教、伊斯兰教、基督教等宗教先后传入中国，也使用“寺”命名其活动场所，如摩尼教称为礼拜寺，伊斯兰教称为清真寺，基督教称为景寺。“寺”遂成为以佛教为主的宗教活动场所的泛称。

“庙”,原指祖先祭祀的祖庙,《诗经·大雅·思齐》“雝雝尼宫，萧萧在庙”中的“庙”即为其意。随着祭祀活动的发展，凡是祭祀性活动场所多以“庙”称,《史记·封禅书》就有“雍有日、月、参、辰……诸布、诸严、诸逑之属,百有余庙”之记载。再晚，各种宗教融合以及其活动场所称呼的宽松，“庙”也就逐渐成为各种宗教活动场所的泛称，如承德避暑山庄的“外八庙”均为佛寺。

“寺”与“庙”二字联用，明清时才逐渐流行，近代以后，“寺庙”已成为各种宗教活动场所的普遍称呼。

“寺廟”之變

汉传佛教寺庙建筑风格的历史演化经历了东汉时的引进，魏晋南北朝、隋唐时期的融合发展，到宋时逐渐规范定型，元明清时期停滞整合，局部继承发展几个阶段，总体和佛教文化发展的轨迹一致。

“我空法有，少欲知足”
——印度佛教寺院建筑形制。

印度的佛寺建筑是从塔开始的。佛教的塔，佛经译作“窣堵坡”，最初是葬死人的墓，其形式就像中国的坟头，一座覆盆形的圆形坟，上面有伞和杆作为装饰。传说佛祖释迦牟尼逝世后，印度境内有八个国王竞夺其遗骨，永充供养。得到的遗骨或曰“舍利”，封于“窣堵坡”内。到阿育王时，这些舍利被取出分为更小的份，分贮于境内新造的“八万四千塔”。佛教门徒们从舍利塔中得到启示,产生了释迦牟尼“以塔喻己”的传说。塔被当做佛祖的真身礼拜，继而四周以“精舍”为群房的布局是印度佛寺的典型格局。这时的佛教,强调个人的进修,进修的目标是成为“不说法”的佛陀；寺院以塔为核心，对佛祖的真身礼拜，精舍周围成为僧尼进修的场所,也就顺理成章了。

“白馬馱經，佛祖西來”
——汉传佛教寺院初始形制。

东汉时期,佛教传入中国,一开始主要是传播认知，这时候没有佛寺，翻译传播佛经教义的人居住在官方的行署内，随着教义的传播，早期的佛寺就由官方行署改造而成,建筑布局保有汉朝官署的形制，所以中国的佛寺一开始就采用了中国传统的院落式为布局特点。洛阳白马寺是佛教传入中国后的第一座官方寺院，被尊为佛教“祖庭”和“释源”，在中国佛教史上有着特殊的地位。

白马寺因驮经的白马得名，白马死后，东汉政府在寺门外雕刻了两匹石马作为纪念，这两匹石马后来被毁，现在山门前的石马是北宋时期补做的。

白马寺的寺院布局完全按照印度样式，以佛塔为中心，佛塔是一座九层木结构的方形建筑，佛塔之后为佛殿，殿堂里供释迦牟尼的画像，两侧是佛祖成佛的事迹彩绘，周围是僧房、客舍等其他建筑。这时的僧侣完全是西域（天竺）人，所以，寺院的规模很小。

除了白马寺以外，东汉建造的寺院有记载的还有河南巩县的青龙山慈云寺、登封嵩山法王寺，格局和白马寺相同，只是佛塔分别为三级和五级而已。由此可知，早期的寺院大多是以塔为主体的塔院式，平面布局上在中轴线上的主要建筑为：前为寺门，中央佛塔，塔后佛殿，周以回廊相连。

至东汉末年，徐州下邳兴建的浮屠寺是一座规模宏大的寺院。塔有九级，重楼阁道，结构已经完全中国化; 佛殿可容纳三千人,供奉的佛像也不再是画像，而是塑像金身了。虽然寺院规模大了，但塔院的格局没变。

“心器并用，莊嚴具足”
——南北朝隋唐五代佛教寺院的融合发展。

魏晋南北朝时期是一个政局动荡、民族文化融合的时期，文化思想的活跃与交汇也促进佛教的发展。东晋之后，大批佛寺、佛塔、石窟等佛教建筑开始兴建，由于没有那么多的“舍利”来供应寺院，于是，用于供奉“舍利”的佛塔逐渐退居次席，供奉佛像的佛殿渐渐成为寺院的主体。佛寺有私人舍宅为寺、捐资建寺、官家创建等不同来源，寺院的模式也有了变化。一方面，皇家和私人的供养，这一时期佛教石窟的开凿成为风尚。另一方面，由于佛教的影响力扩大，寺庙的规模也扩大了，佛塔仍然保留单独的塔院，更多的佛殿院落叠加在一起，经堂、讲堂、禅堂具备。在吸收西域建筑佛像的艺术元素基础上，中式的布局和建筑风格基本定型。

到隋唐，较大的佛寺采用了轴线对称的布局方法，按照轴线依次排列山门、莲池、平台、佛阁、配殿、大殿。建筑的核心从塔变成殿。佛塔一般在侧面或其他位置另建塔院。唐朝晚期密宗流行，出现千手观音造像和刻经的石幢并有钟楼的定制，五代还出现“田”字形的罗汉堂。这一时期是中国佛教大发展时期，虽然期间出现过唐武宗和周世宗灭佛的事件，但时间较短，对佛教发展的影响不大。这一时期的寺院建筑，可大致分为两类：

塔院型：又分为前塔后殿佛寺、殿前两侧双塔佛寺、塔与佛殿各处一院的多院式佛寺，如西安大雁塔所在的大慈恩寺。

佛殿型：又分为单院式佛寺、几进庭院的纵列式佛寺和几个多进院落纵列或并联的多院式大型佛寺。

晚唐禅宗兴起，成为佛教的主流，百丈怀海禅师创立《禅门规式》（又称“百丈清规”），对禅寺有了明确的规定，对后来的寺庙建筑格局形成定式有较大的影响，如法堂为寺院中心、禅堂与僧堂合并等。

“丛林清规，七堂伽蓝”
——宋元之际佛教寺院的规范化与秩序化。

宋朝佛道并重，重在佛教，除了宋徽宗崇道抑佛，北宋诸帝都对佛教采用鼓励的政策，新建的佛寺建筑规模越来越大，僧尼人数越来越多，到南宋绍兴初年，已是“无路不逢僧”了。由于禅宗兴盛，加上皇室重视，佛寺在前朝初步定型的基础上，融合“百丈清规”对禅寺的规定，初步形成了“伽蓝七堂”的寺庙格局。

关于七堂的由来，佛教认为寺院诸堂即表佛面，七堂指顶、鼻、口、两眼及两耳，或说相当于人体的头、心、阴、两手、两脚，其实是寺院七种不同用途的建筑物，是佛寺建筑平面布局的一种制度。所谓七堂，未必限于七堂，如五台山竹林寺有六院，大华严寺有十二院等。七堂之名称或配置，因宗派法门各异有所不同，但一般都是坐北朝南，沿山门南北中轴大致对称修建殿堂的建筑布局。如律宗伽蓝七堂，有塔、佛殿（又称金堂，与塔共为伽蓝的中心建筑）、讲堂、钟楼、藏经楼（或为经堂）、僧房（分布于讲堂东西北三方）和斋堂。一般所说的伽蓝七堂是指禅宗七堂，即山门、佛殿、法堂、方丈、僧堂、浴室、东司（或称西净，指厕所），其中僧堂、浴室、东司为禁语之所，总称三默堂。

与两宋同时的辽、西夏、金诸朝，也崇奉佛教，佛寺格局与宋接近，在采用轴线制布局的同时，也颇具自己的民族特点，如辽代佛寺因契丹族拜日面东的原因寺院皆朝东方；金代前期以律宗为盛，以律宗七堂布局为多，后期才转为禅宗。

元朝成吉思汗灭西夏、金的过程中，深感佛道教在巩固政治方面颇有价值，对佛道教采用的是保护利用的政策。因信仰不同，由喇嘛教统领全国佛教，寺院的建造大多规模宏大，建筑格局与宋时区别不大，只是供奉的佛菩萨受喇嘛教影响而与其他时期不同。

总体而言，宋元时期由于伽蓝七堂规制的成型，寺院建筑已经有了一定的规范，并随着佛教宗派法门的发展进一步完善。除了讲究轴线、对称，还有一些特点：一是法堂设于佛殿之后，且两者规模相当（一些小寺院合并二者，只设一个佛殿，兼法堂之用）；二是有了经藏、轮藏，主要是藏经楼、看经堂，前者是书库，后者为阅读，轮藏是为不识字的信众礼经而出现的特殊形式；三是佛塔基本成为高僧聚葬的地方，不再有礼佛的功能，很多寺院不建高塔，改以塔林及在寺院里修建祖师殿礼拜本门祖师。

“空慧一體，三教合一”
——明清至今佛教寺院的继承整合。

明代，佛教式微，太祖朱元璋僧人出身，得天下后认为佛教根本不能解除人们的疾苦，采用尊儒限佛的政策，限制僧尼的人数、佛寺的田产及寺院的建设，之后明朝的诸位皇帝大多遵循这一政策。因此，修缮扩建的多，新建的少。其寺院建筑，在继承前朝传统的基础上，也有自己的布局特点和风格。清朝基本沿袭明代的政策，对佛教发展采取明奉暗限政策，仅康乾两朝有所放松，修建了一批大寺。明清之后，佛教发展的基本格局没有太多变化，时至今日，菩萨供养、寺院构建、佛法禅理和明清时无二。

中国的佛寺建制，在明朝成为定制，平川式的寺院基本都是坐北朝南，中轴对称，轴线上由南向北依次为山门、天王殿、大雄宝殿、法堂、藏经楼等正殿，两侧对称布置左钟右鼓（应“晨钟暮鼓”之矩）、左僧舍右禅房以及东西配殿等其他附属设施。东配殿一般是伽蓝堂，奉关羽为伽蓝神，西配殿一般是祖师殿（禅宗寺院供达摩、慧能与百丈怀海），根据寺院大小配殿还有观音殿、药师殿、地藏殿等。傍山式的寺院，除了主要殿堂按轴线排列及左右配殿，依山势从前往后，层层升高。

明清两朝建于名山的寺院日益增多，佛教四大名山——山西五台山、浙江普陀山、四川峨眉山、安徽九华山就是这时形成的，至今四大名山仍然是佛教信众参拜的圣地。清时寺院进一步向山区发展，是故俗语说“天下名山寺占多”。“寺庙”的称呼此时也已成为习惯，大中者称“寺”，小者称“庙”，尼居者称“庵”。除了大寺，中等的寺院一般也就只有二三个大殿、两个院子，小庙只不过一个大殿几间小房而已。无论大小，寺庙建筑与中国传统文化中阴阳和谐及佛教的等级秩序合而为一，其建筑群落，追求的是放置在一个恰当的空间和社会秩序的等级定位上，也就是现在的一个流行词汇——“和谐”。

金陵佛缘

三國東吳："支謙譯經、康僧會傳教，造寺建初，開江南道場之光。"
——江南佛教文化传播始于南京。

佛教传入南京，始于东汉末年。由于北方战乱，北地居民避战乱大批南迁。洛阳、长安（西安）一带的佛教高僧名士随之而来，南下佛教的代表人物支谦避乱到东吴，为孙权所重，拜为博士辅导太子，之后随孙权到建业（南京）。

支谦，西域月氏国人，博通六国语言，在南京约三十年，译经共三十六部四十八卷，有《大明度无极经》《维摩诘经》等，作为在南京的第一位佛教译经大师，支谦是南京佛教教理开度第一人。同时，佛教也从海路经由林邑（也称占城、占婆，在越南中南部）、扶南（柬埔寨）传到交州、广州而后北上；此时，孙权"已制江左，而佛教未行"，这时支谦的译经传播还局限在官家上层，民间风化未开。

赤乌十年（247 年）天竺僧康僧会经广州到南京，比支谦要晚几十年。据《高僧传》载："康僧会至建邺，权初不信佛，试打舍利，具显神异，遂大嗟服，并为建塔，号建初寺。"孙权为康僧会建造建初寺，是南京的第一座寺院。康僧会利用东吴皇室的信任大力宣讲佛教，在南京翻译了《六度集经》《阿难念弥陀经》《安般守意经》等佛教典籍。在敦煌初唐第 323 窟壁画佛教史迹图中就有康僧会建康传教的事迹，壁画上半部分描绘的是孙权见舍利五色光芒的景象，下半部分则描绘了孙权子孙皓迎康僧会入宫的场景。作为佛教史上的重要人物，康僧会开江南寺庙之先，所传《泥洹梵呗》，音调清靡哀亮，成为佛教徒梵音歌咏的基本模式。

康僧会之后，才有了佛教在六朝时的隆盛，因此，佛教史将康僧会的传教活动作为江南佛教传播的开端。

東晉南朝："六朝興佛，隆盛江南；諸宗肇始，百花争豔。"
——南京为当时的佛教学术中心，是佛教诸多宗派的发源地。

西晋灭亡后，中国陷入长期南北分裂的局面，北方十六国混战，南方东晋王朝以建康（南京）为首都。西晋亡后，洛京（洛阳）的高僧名士如康僧渊、康法畅、支愍度、帛尸梨密多罗、于法开、于道邃、竺法汰、竺法深等自中原南下建康，将中原的佛教思想及玄风带到南京。历时百年，南京佛法渐兴。至南朝宋、齐、梁、陈各代，均以建康（南京）为都，这一时期，由于帝王贵族及士大夫阶层多奉佛，佛教在政治上得到支持，因而佛教进入广泛传播和迅速发展阶段。

东晋时皇室贵族就竞相修建佛寺，晋元帝建瓦官寺和龙官寺，晋明帝建皇兴寺和道场寺，晋成帝建中兴寺和鹿野寺，晋文帝建波提寺和新林寺，晋康帝的褚后建延兴寺，晋穆帝的何后建永安寺（何皇后寺）。

这些佛寺都建在南京及其周围。据唐法琳《辨正论》载：东晋共有佛寺1 768所，僧尼24 000人，较前朝已大为发达。及至南朝，有了东晋的发展基础，寺庙的修建更是持续高涨。南朝至梁，佛寺有2 846所，僧尼有82 700人，比东晋时寺院增加千余所，僧尼增加三倍多。

东晋南朝时期，在建康完成的译经和佛教著述很多。东晋，法显同佛陀跋陀罗、宝云等据梵本译《摩僧只律》四十卷、《大般泥洹经》六卷；昙摩密多译《治禅病秘要法》等禅观经典；僵良耶舍译后世净土宗的基本经典《观无量寿经》；求那跋摩译《菩萨善戒经》《四分羯磨》《优婆塞五戒》《优婆塞二十二戒》等二十六卷，以及《杂阿毗昙心论》后三卷。

南朝宋，求那跋陀罗译《杂阿含经》《胜鬘经》《相续解脱经》《楞伽经》等，其中《楞伽经》为后世禅宗典籍；慧观、慧严、谢灵运校订《大般涅槃经》，史称南本《涅槃经》，为涅槃学派之典籍。

南朝齐，僧伽跋陀罗译《善见律毗婆沙》，昙摩迦陀耶舍译《无量义经》，达摩摩提译《法华经·提婆达多品》，求那毗地译《百喻经》《十二因缘经》和《须达长者经》等。

南朝梁，僧伽婆罗译《阿育王经》《解脱道论》等。曼陀罗和婆罗译《宝云经》《法界体性经》《文殊般若经》等。真谛译《十地论》《摄大乘论释》《中边分别论》以及《俱舍论》《大乘起信论》《如实论》等。梁朝的佛教著述很多，武帝著《涅槃经》《大品经》《净名经》等义疏百卷。武帝长子昭明太子萧统著《解二谛义》《解法身义》等。僧佑著《弘明集》《释迦谱》《出三藏记集》，《弘明集》汇集了佛教传入中国以来的弘法护教方面的文献，《释迦谱》是记述释迦生平的现存的最古的中国撰述的佛典；《出三藏记集》是佛教经典目录方面的重要资料。宝唱编撰了《名僧传》《比丘尼传》；慧皎作《涅槃经义疏》《梵网经义疏》及《高僧传》。《高僧传》汇集了东汉明帝至梁四百五十三年间的高僧257人的正传和243人的副传。此书是中国初期佛教史的最可靠资料，是后来的《续高僧传》和《宋高僧传》的样板。

南朝陈，月婆首那译《胜天王般若经》，扶南国僧人须菩提译《大乘宝云经》，真谛译《摄论》《摄论释》及《俱舍论》，与弟子道尼、慧旷等发愿共弘《摄》《舍》二论，形成摄论学。可以看到，后世佛教禅宗、净土宗、律宗、密宗各派的宗派经典均在这时出现，般若学、摄论学、涅槃学、三论学等佛教学说也在这时形成了理论体系。

佛教在建康出现了前所未有的繁荣，西域和天竺大批名僧前来，译经事业空前发展。佛教与中华儒道思想交流争鸣也促进了佛教义学的发展，丰富的著述逐渐形成各派学说。

南朝是中国佛教史上译经最鼎盛也是佛教义学大发展的时期。如果说在三国、东晋时期，全国佛教的重镇是在北方的长安（西安）和洛阳，那么，到了南朝各代，建康已成为全国佛教的中心。赵朴初先生曾说：“在六朝时期，南京作为中国政治上的正统和文化上的中心近三百年。在中国创立的大小乘各宗派，无不与南京有关……在中国佛教史上，南京作为佛教学术的中心是当之无愧的。”

除了译经和佛教学派，这一时期，还有许多在南京发生的佛教历史大事件，如：西域僧帛尸梨密多罗到建康，在东晋上层公卿中地位崇高，称“高座”法师，高座寺就是后世僧人纪念其人所建。帛尸梨密多罗译《大孔雀明王神咒经》，以“高声梵呗”（即用梵言高声唱赞颂佛、菩萨的短偈）传至后代。对于咒法和梵呗在江南的传播发展作出了贡献。他最早把密宗传到南京，算是密宗传入中国之始。

南朝宋元嘉间（424—453年）求那跋摩在南林寺设立戒坛，为僧尼受戒，是中国最早的戒坛。又请狮子国（斯里兰卡）比丘尼铁索罗经海路来到建康传授戒法，举行二部僧受戒仪式，受戒者三百余人，是中国有如律受戒比丘尼之始。

南朝齐永明间（483—493年）隐士明僧绍开凿栖霞山石窟，与云冈、龙门石窟几乎同时，为江东开凿佛窟之始。明僧绍去世前舍宅为寺，请僧人法度讲经布道，这是栖霞寺之始。

南朝梁天监间（502—519年）梁武帝率众在镇江金山寺开设水陆法会，后世水陆法会流行的《梁皇忏》仪规，一般认为就是由梁武帝所撰写颁布的，今天水陆法会已成为佛教重要的法会活动之一。此间，梁武帝还素食亲撰《断酒肉文》，并制订《出要律仪》，创立僧尼戒规，要求僧尼一律遵守，汉传佛教素食传统由此开始。普通元年（520年），高僧达摩在建康见梁武帝，在幕府山“一苇渡江”，至今南京此地仍有夹骡峰和达摩洞的地名；达摩渡江后在江北长芦寺停留，定山寺驻锡修行；今长芦禅寺中还设有一苇堂，定山寺有达摩岩、晏坐石等遗迹纪念达摩；之后达摩去嵩山，创立禅宗。大同间（535—546年）梁武帝四次舍身同泰寺（鸡鸣寺），开“盂兰盆斋会”，所形成每年夏季七月十五的盂兰盆会成为汉地佛教仪式习俗并流传至今。

三论学始于梁，摄山栖霞寺是三论学的学术中心，摄山大师僧朗使梁武帝改宗三论，之后传法给僧诠。僧诠门下弟子数百人，最知名者四人，称为“诠公四友”。这四大弟子居南京，慧布居南京郊区之栖霞（摄山），法朗住南京城内皇兴寺，慧勇住大禅众寺，智辩住长干寺。南朝陈永定间（557—559年），法朗得到陈武帝支持奉敕入皇兴寺弘法《三论》，从此成实渐消，三论渐扬，有“摄岭相承”之说。至隋，其弟子嘉祥大师吉藏正式创立三论宗，即三论宗肇始于南京。

总的来说，东晋之后，南朝历经宋、齐、梁、陈四政权，四朝诸帝无一例外都崇信佛教。因此，继东晋之后，整个南朝佛教全面发展，南朝寺院比东晋时增加一千余所，僧尼增加三倍多。南朝佛教不仅译经鼎盛，在义学上也有较大发展，出现多种佛教学说，如三论学、涅槃学、摄论学等，为隋唐时期中国佛教大盛，开宗立派奠定了基础。

隋唐五代：“三論法朗，天臺智者；牛頭法融，法眼文益，開宗立派，皆出金陵。”

——南京此时虽已不再是全国佛教中心，但仍为南方佛教的重要传播地。

公元581年，杨坚于北方灭北周建隋朝，589年南下灭陈，中国统一。公元618年，唐朝建立，至公元

907 年，长达二百九十年，是中国历史上政治、经济发展的辉煌时期。随着国家的统一，南北朝时期以洛阳、长安、建康为三大佛教中心的局面结束。隋唐皆以长安为首都，以洛阳为东都。全国佛教的重心，基本在关中地区与河洛地区，南京已不是中心。

隋代是南京佛教发展比较重要的时期，乃因三论宗和天台宗的创建。陈隋之际，法朗于南京皇兴寺弘三论之学。弟子吉藏，生于南京，七岁出家，十九岁在建初寺讲三论，后至会稽（绍兴）弘扬三论学，世称嘉祥大师。隋初，至长安日严寺，完成三论注疏，成为三论宗的实际创始者。法朗弟子智炬也曾在建初寺弘宣三论，听众常百人。天台宗三祖在陈时即在南京瓦官寺、光宅寺讲经，陈之后离开南京。隋时又受晋王杨广（隋炀帝）礼请至扬州，授“智者大师”之号，在南京撰《净名经疏》二十八卷，后至浙江天台山，为天台宗的实际创始人。因此，天台宗虽以天台宗标名，但仍视南京光宅寺、瓦官寺为其祖庭之一。

陈隋之际，南京佛教寺院破坏严重，南朝所建许多大寺院因战乱毁损。隋朝的两个皇帝，文帝生于佛寺、养于佛寺，称帝后广建寺庙，并颁诏保护佛教。炀帝也信奉佛教，礼敬智者大师。在隋朝的几十年间一些寺院逐渐重建和修复，至唐初，南京佛教又现繁荣之象。当时郊野处的栖霞寺乃天下名刹，为“天下四大丛林”之一。栖霞山舍利塔乃隋文帝诏令天下八十三州广建舍利塔一百十一座之一，也为仅存于世的一座（现存石塔为南唐时仿原木塔修建）。

盛唐时期佛教兴盛，传译既广，理解渐精，演成各个宗派，发生在南京地区的有牛头禅。牛头禅是中国禅的根源，没有牛头禅就没有禅宗南派，作为禅宗四祖道信下横出的一支，创始人法融十九岁读《大般若经》入茅山依三论宗僧炅法师出家。后于金陵（南京）牛头山幽栖寺北岩立茅屋参禅，传说四祖道信闻之前来寻访付以所受僧璨顿悟法门。后，法融在建初寺讲《大般若经》，听者云集。法融的禅风主张无心绝观，顺其自然，讲求“排遣多言，着眼空寂”“菩提本有，何须用守”的修行思想。由于法融精研《大般若经》且博涉道学，牛头禅受道家影响，也体现老庄化、玄学化的特色，为后来的禅宗南宗先声。法融弟子在祖堂山上修“牛头第一祖融大师塔”以志纪念，唐代诗人刘禹锡为其撰塔铭。弟子及再传门人有智严、慧方、法持、智威、慧忠等。至八世纪习此禅法的还有鹤林玄素、径山法钦、鸟窠道林等人。当时，牛头禅在常州天宁禅寺、镇江鹤林寺等江南名刹都有传承，至唐末渐衰，后由日本僧人最澄传入日本。

唐灭后，中国北方进入五代时期，南方则建立了九个政权，在江淮地区，先后有吴和南唐。南京为南唐政权之都，与杭州为当时南方佛教的两大中心。南唐时期，文益禅师（885—958 年）被皇室迎至金陵，住报恩禅院，后建清凉寺道场奉为国师。他的禅法是“对症施药，相身裁缝，随其量器，扫除情解”，兼备云门宗“锋辩险绝”和曹洞宗“回互细密”的特点，对“只重直观，不重解义”的当世流弊有所批评。文益去世后，谥为“大法眼禅师”，号“无相”。文益开创的禅宗法系后人称为法眼宗，是佛教禅宗“五家七宗”中最后产生的一个宗派。

宋元明清：“安石定林，龍翔集慶，如馨古林，金陵刻經。”

——南京的佛教传播渐趋衰落，虽然在明清时期有短暂的复兴，已不复南朝隋唐时的兴盛。

两宋留给南京的佛教遗产不多，南京城里的半山寺，是北宋元丰间（1078—1085 年）王安石舍宅为寺所建，与建于南宋乾道间（1165—1173 年）的方山定林寺塔，是保存至今的宋代佛教遗迹。事迹方面，长芦寺宗赜法师，禅净双修，结莲华净土念佛社，为南宋净土宗祖师之一。禅宗临济派圆悟克勤法师曾住持蒋山寺，弘扬禅宗。

元朝崇喇嘛教，政治文化均重北方，留给南京的惟天历元年（1328 年）文宗图帖睦尔以潜宫改作大龙翔寺，以后移址重建即金陵天界寺。

明初，太祖朱元璋建都南京，着力整顿佛教，每季于礼部考试僧官，在金陵天界寺设立善世院，命慧昙住持，管理全国佛教。又颁布一系列政令，仿宋制开僧衙门，设僧官，立制度。善世院后称僧录司，为僧界之中央，置统领、副统领、赞教、纪化等员。建国初期，朱元璋几乎每年都要在南京一些大寺院召集名僧，举办法会，为国祈福。其时灵谷寺、大报恩寺、天界寺规模庞大，称“金陵三大寺”。明初名僧如玘、宗泐、来复、仲义、道衍、慧昙等，都出任过僧官，在南京有过重要活动。明代四大师云栖袾宏、紫柏真可、憨山德清、藕益智旭以及云谷、袁了凡等都在南京留下弘法的业绩。

万历初（1573年—）古心（如馨）法师在南京古林寺传戒，律学大振，古林为律宗中兴祖庭，如馨被称为南山律宗中兴第一代祖师；他的法徒三昧（寂光）及再传见月（读体），在宝华山传戒，弘扬律学和戒法，对于近世律学重兴起了较大的作用。

明代南京重建新修了许多佛寺，如南宋建炎四年（1130年）毁于金兵战火的栖霞寺于洪武二十五年（1392年）重建，太祖敕书“栖霞寺”沿用至今；洪武十五年（1382年）朱元璋为建陵寝，迁蒋山寺至钟山东麓建灵谷寺，敕书“灵谷禅寺”，山门书“第一禅林”。永乐九年（1411年）为纪念郑和下西洋建静海寺，永乐十年（1412年）成祖又建大报恩寺，规模恢宏，采用皇家宫阙规制，寺内建一座琉璃宝塔高三十二丈九尺，九层八面，表面用瓷砖，砌无数佛像，为明代最壮丽之佛教建筑，被欧洲传教士誉为世界奇观。至天启七年（1627年）南京计有灵谷、报恩、天界三大寺；栖霞、鸡鸣、静海、弘觉、能仁五次大寺；普德、清凉、金陵、永庆、吉祥、弘济、高座、鹫峰、瓦官、碧峰等三十二中寺；华严、安隐、天隆寺、唱经楼等小寺一百二十处，不具名小寺百余处。

明代的《洪武南藏》，又称《初刻南藏》，于南京雕印，收佛典一千六百部七千多卷；《永乐南藏》通称《南藏》，于南京刻印，为《洪武南藏》的石刻再印本，但略有改动，收佛典一千六百二十五部六千三百三十一卷。

清朝满族入主中原，采取提倡汉文化的政策，尊儒奉佛，巩固政权。皇室虽崇喇嘛教，但对汉传佛教也很支持。康熙、乾隆南巡，游历了南京著名古刹，如栖霞寺、灵谷寺、鸡鸣寺、永济寺等，留下了许多题字题诗，对南京佛教也起到一定推动作用。在南京还有些明代遗老不仕新朝，遁迹佛门，如龚贤自号扫叶僧，在清凉山善庆寺半亩园剃发隐居；江浦秀才郑继蕃，剃发为僧，法名白药，在老山创建兜率寺等。至太平天国间，南京佛寺几乎毁坏殆尽。同、光之际虽有一些修葺、重建，但不过十取一二，终未能尽复旧观。比较知名的有光绪十年（1884年）曾国藩与其弟曾国荃支持所建的毗卢寺，清时四画僧之一的髡残居祖堂山献花岩、石子岗天隆寺等。

清之中后期，南京佛教最重要的事件当数杨仁山居士于同治五年（1866年）创办金陵刻经处，弘法四十余年，致力于佛典的搜罗、整理、刻印，流通经典百余万卷。

民国至今：“薪火相传，救亡图存；人生佛教，入世再行。”

——民国时南京的佛教在杨仁山、太虚等人推动下，一度成为中国佛教中心，但佛教整体没落，弘法之路漫漫。

清末，佛教在南京已至消亡的边缘，杨仁山说：“近世以来，僧徒安于固陋，不学无术，为佛法入支那后第一堕坏之时。”原因在于：“盖自试经之例停，传戒之禁驰，以致释氏之徒，无论贤愚，概得度牒；于经律论毫无所知，居然作方丈，开始传戒。与之谈论，庸俗不堪，士大夫从而鄙之。西来的旨，无处问津矣。”此弊病至今没有根本改变。

杨仁山为了改变当时佛教之现状，在光绪三十三年（1907年）设僧学堂祇洹精舍，创办近代佛教著名的居士道场，虽然只办了两年，但培养了欧阳渐、梅光羲、释太虚、释仁山等一批僧俗佛教人才。还组织了佛学研究会，研究佛学宣讲佛法。中国近现代许多著名学者、高僧大德都在此学习深造过，杨仁山被誉为“近代佛教复兴之父”。

杨仁山之后，在祇洹精舍学习的太虚法师提出“人生佛教”的理念，强调佛教的传承与发展应当注重以人为本，弘扬大乘佛教积极入世、普度众生的精神。他认为，佛教要复兴，“教制革命”是根本。只有培养出合格的僧伽，建立严格的组织制度，佛教复兴才有希望。他兴办僧伽佛学院，有“柏林教理院”“武昌佛学院”“闽南佛学院”“汉藏教理院”等，这些佛学院培养的佛教人才流惠至今。太虚还创办佛教协会，1912年，在南京毗卢寺筹办中国佛教协进会，民国国民政府成立后，在毗卢寺最终成立中国佛教会。太虚提出的“即人即佛”“人圆佛即成”等人生佛教理念，说成佛就在人的现实生活里，在人的日常道德行为中；否则，人格尚亏，菩萨就无处安置，更谈不上佛陀果成了。至今，太虚所论及的佛教发展方向、目标还在漫漫途中。

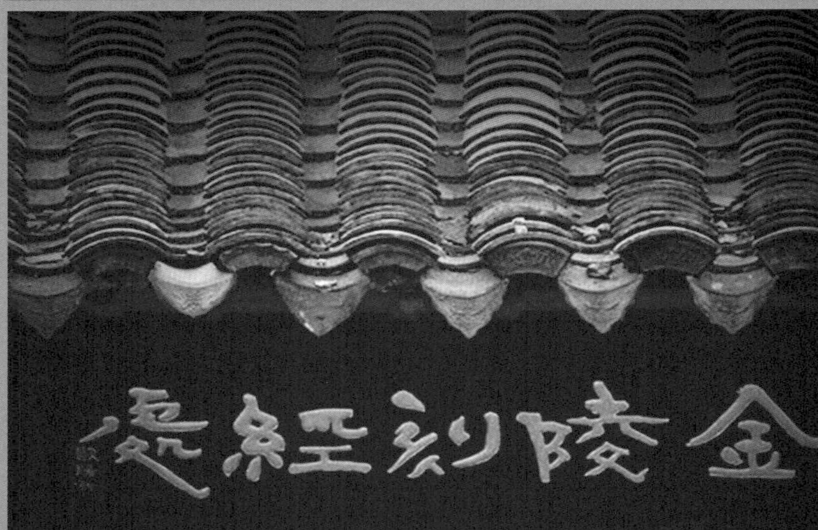
金陵刻經處

城踪寺影

南京是一座拥有约二千五百年历史的古城。

公元前 495 年，春秋时期吴王夫差筑冶城（南京朝天宫后山），为吴国冶铸重镇。故南京又称冶城。

公元前 472 年，越王勾践命范蠡筑城于今中华门外，秦淮河畔长干里，称为越城。这是南京建城之始。

公元前 333 年，战国时期楚国灭越国后于今清凉山西麓石头山上置金陵邑，这是南京称为金陵的来历。南京地区有城市行政设置以此为最早，此前的冶城和越域，尚未就城郭划分属地。春秋时吴国曾设棠邑与濑渚邑，即今南京市所辖的六合与高淳，在当时属县一级的行政设置。

公元前 223 年，秦灭楚后改金陵邑为秣陵县。秦在金陵故地设有秣陵、丹阳与江乘三县，其县治分别在今江宁秣陵关、江宁小丹阳与栖霞山附近，均属丹阳郡管辖，棠邑县（六合）则属东海郡管辖。公元 229 年，三国东吴迁都建业，以金陵邑故址修建的石头城为基础建立都城，并将扬州刺史驻地与丹阳郡郡治迁来建业。此南京建都之始。

东吴、东晋与南朝宋、齐、梁、陈相继建都南京，史称“六朝”。东晋时南京改名为建康并为六朝沿用，当时南京为江南地区政治、经济、文化中心，在中国历史上留下了浓烈的笔墨。六朝时期建康也是扬州刺史驻地与丹阳郡治所在，但不同时期的行政辖区郡县级设置变动较大：孙吴时有建业县、丹阳县；西晋时有建邺县（后改称建康县）、秣陵县、江宁县（先称临江县）、丹阳县、湖熟县、江乘县、堂邑县；东晋时又加设侨置郡县，以安置中原地区南迁人士，如琅琊、东海、东平、兰陵、棠邑等郡，费县、临沂、阳都、即丘等县；南朝刘宋初，保留建康县、秣陵县、丹阳县、江宁县，湖熟县归丹阳郡管辖，阳都县、费县、即丘县、临沂县、江乘县归南琅琊郡管辖；南齐时无改动；梁时设同夏县，废湖熟县，又复置费县，并改南琅琊郡为琅琊郡，分置丹阳、南丹阳二郡，琅琊郡治在江乘，辖江乘、临沂、费三县，丹阳郡治在建康，辖建康、秣陵、同夏三县，南丹阳郡治在江宁，辖江宁、丹阳二县；陈时废南丹阳郡，又废琅琊郡，新设建兴郡，辖江乘、临沂、同夏、湖熟、建安、乌山六县，丹阳郡辖建康、秣陵、江宁、丹阳、费五县。

公元 589 年，隋灭陈，文帝毁建康城邑和宫殿，改作耕地，扬州督府自金陵移至江都，金陵被降为一般的州县，仅保留江宁县，与溧水县同属设在金陵石头城的蒋州管辖，六朝繁华荡然无存。唐时南京称“白下”“上元”“江宁”“升州”等，具体说来，唐代曾改江宁县为归化县，又改归化县为金陵县，再改金陵县为白下县，复改白下县为江宁县，最后改江宁县为上元县，州治为设在江宁、上元的升州管辖，当时升州辖有上元（江宁）、溧水、溧阳、句容四县；六合县则属扬州管辖。

至五代南唐定都金陵府城，改金陵府为江宁府，辖上元、江宁、溧水等县，并曾在六合设置雄州。南唐府城将今秦淮河一带繁华商业区和人烟稠密的居住区围进城内，经千年繁华不衰，为近代南京城南部框架。

北宋平南唐后，初改江宁府为升州，不久又复名江宁府，辖上元、江宁、溧水、溧阳、句容等县。南宋改江宁府为建康府，并先后为江南东路及江南路（相当于省一级）的治所，建康府仍辖北宋江宁府属的五县。六合县则属真州。

元初南京仍名建康府，后改称建康路，再后又名集庆路，先后隶属于江淮行省和江浙行省，并一度成为管辖江浙、江西、湖广三省的治所所在。集庆路辖有上元、江宁、句容三县及溧水州和溧阳州。六合县则属扬州路。

公元 1356 年，朱元璋占南京，改集庆路为应天府。应天府辖上元、江宁、溧水、江浦、句容、溧阳六县，后加辖六合、高淳二县。公元 1366 年，朱元璋在南京筑城，就是闻名世界的明南京城墙，近代南京城的格局由此奠定。明南京城为四重城垣：宫城、皇城、都城、外郭。公元 1368 年，朱元璋称帝，改应天府为南京，这是南京命名之始。

公元1645年，清初改南京为江南省，改应天府为江宁府，所辖八县如故。后江南省分为江苏、安徽两省，江宁府隶属于治所设在苏州的江苏巡抚管辖，但管辖江苏、安徽、江西三省的两江总督衙门设在南京。南京时为东南重镇。

公元 1853 年至 1864 年，太平天国建都南京，称天京。以天京为中心设天京省，以江浦为中心设天浦省。后清军攻陷天京，又复名江宁府如故。

公元 1912 年元旦，孙中山在南京就任中华民国临时大总统，定都江宁，改江宁为南京府，废上元、江宁二县。后临时政府迁往北京，江苏省治自苏州迁来南京，旋废南京府，设江宁县，并设立治所在江宁的金陵道，辖江宁、江浦、六合、高淳、溧水、溧阳、句容、丹徒、丹阳、金坛、扬中等县。

公元 1927 年，“中华民国”复都南京，废金陵道，南京先后被称为“南京市”“南京特别市”“南京直辖市”及“首都市”等名，辖境为明南京城外郭以内及江浦县的浦口镇；江宁县则属江苏省政府管辖。民国政府进行了以城市干道网为主体的市政建设，形成今日南京主城的基本框架。

公元 1949 年，新中国成立后，南京为长江下游地区的中心城市。南京初为直辖市。1952 年改为江苏省

辖市，成为省人民政府驻地。1957年起辖有江宁、江浦、六合三县，1983年起增辖溧水、高淳二县。到2002年撤县划区，2013年并区调整，形成目前鼓楼、建邺、秦淮、玄武、栖霞、雨花台、江宁、溧水、高淳、浦口、六合十一个市辖区的区划格局。市区面积增至6 516平方千米。

看南京的城市变迁历史，城市辖区的变化和本地域的历史、地理密不可分。历史上南京城周边，如句容、溧阳等地曾为南京属地，而现属地高淳、六合也曾几进几出，但南京城的辖制范围核心区域变化不大。今天南京城十一个市辖区划格局所辖属地，都是与南京城市历史密切相关的，可以说是在一定历史条件下的必然。

南京的佛教寺院，大多传承久远；但延传至今仍有真正历史旧物的佛寺并不多。“南朝四百八十寺，多少楼台烟雨中。”鼎盛时南京的寺院多到两千八百余所，到今天多数已经无处寻觅了。

南京现存的佛寺建筑多为近现代整修重建，有历史遗存的大部分为明清遗物。所以，这本小书对南京佛教寺院进行寻访的线索是以明朝以后南京城的辖制方志为参考，以现在南京市的区划为基本范围，明清时期的有关历史记载当线索，按方位把南京的佛教寺庙分成中、北、南三大部分：

中部地区囊括了今天南京市的鼓楼区、玄武区、建邺区、秦淮区、雨花台区、栖霞区和江宁区共七个区辖。从南京的城市变迁历史可知，中部地区实际上是明清时期上元、江宁二县，也是南京府治所在，这个区域一直是南京市的核心区域，也是佛寺遗址遗迹最为密集的区域，就是所谓“南朝四百八十寺”所指。

中部地区有历史记载的佛寺非常多，但至今仍在或保有遗存的不过原来的二三成，很多佛寺空留地名，只能在故纸堆里推想昔日的繁华了。这部分内容即本书卷二《梵刹传承》，今属镇江市管辖的句容宝华山隆昌寺及附近的几座佛寺因地理位置和佛法传续上与此区域的关系密切也列入其中。

北部地区是今南京市长江以北地区的浦口、六合二区，为本书卷三《江北佛光》。这个区域内的佛寺相对较少，由于地理位置等原因在经济上相对滞后却造就了本地区佛教发展的平稳有序。

南部则是指今南京市南部的溧水和高淳两区，即本书卷四《娑婆自在》。处于辖地边界上的宣城水阳雁翅的大士庵、金宝寺和当涂湖阳的光明禅寺也记录在本章里，这个区域佛寺的最大特点是佛教寺院与民间信仰的结合极为紧密。

本书记录寻访的佛寺及遗址遗存共计二百二十余处，即便如此，估计所列也仅是十之八九。其中许多佛寺谈不上美观，甚至是粗鄙简陋，或许有人会说不值一观。然：

传法之道，根植在民；法无顿渐，人有利钝；依法修行，纯一直心；空门本买是寂路，本心自生万种法！

南京佛寺尋訪名錄

注：名录以所属区县分类，并按佛寺名称第一个字的音序排列；
表示方式为“名称 | 页码 | 地址 | 备注”；
“[ ]”内为所在地名，以区别同名者；“( )”内为佛寺的曾用名或别名。

鼓楼

D 地藏古寺 |31| 狮子山公园北坡明城墙西北角

G 古林寺 |32| 原址在西康宾馆，遗物在古林公园内 | 遗存

J 静海寺、天妃宫（观音寺）|30| 朝月楼 116 号 | 静海寺遗址：市级文物保护单位

P 普渡庵（皇姑庵）|35| 龙蟠里 22 号小巷阿 | 遗址

Q 清凉寺（善庆寺、地藏寺）|33| 清凉山公园内 | 清凉寺 : 市级文物保护单位

Y 永庆寺 |36| 原址在五台山东侧，遗物在永庆巷永庆村

Z 驻马庵 |34| 汉中路 282 号 | 诸葛武侯驻马庵：区文物保护单位

紫竹林禅寺（耆阇寺）|45| 紫竹林南京市疾控中心内 | 遗址

玄武

B 半山寺（报宁禅寺）|40| 中山门前半山园路 | 王安石故居：市级文物保护单位

D [钟山] 定林寺 |85| 紫霞湖北 | 定林寺摩崖石刻：省级文物保护单位；钟山定林寺遗址：市级文物保护单位

G 观音阁（大石壁）|86| 中山门外孝卫街下马坊公园内 | 观音阁大石壁：市级文物保护单位

J 鸡鸣寺（栖玄寺、建元寺、同泰寺）|42-43| 鸡鸣寺路 1 号 | 鸡鸣寺：市级文物保护单位

L 灵谷寺（开善寺、宝公禅院、太平兴国寺、蒋山寺）|82| 灵谷寺路 2 号 | 灵谷寺无梁殿：省级文物保护单位；灵谷寺：市级文物保护单位

N [玄武区] 诺那华藏精舍 |44| 玄武湖环洲

P 毗卢寺 |38-39| 汉府街 4 号 | 毗卢寺：市级文物保护单位

T 头陀寺（白云寺）|84| 紫金山头陀岭 | 古白云泉：区不可移动文物

W 万福寺 |83| 紫金山马腰东永慕庐西侧 | 万福寺遗址（名僧塔林）：市级文物保护单位

X 香林寺（兴善寺）|37| 佛心桥 37 号 | 香林寺：市级文物保护单位

玄奘寺 |41| 小九华山公园内

建鄴

H 华严庵 |55| 水西门大街 132 号莫愁湖公园内 | 华严庵：区不可移动文物

秦淮

D 大报恩寺（建初寺、三藏禅院）|58| 中华门外雨花路 | 大报恩寺遗址：全国重点文物保护单位；大报恩寺碑：省级文物保护单位；三藏殿：市级文物保护单位

大龙翔集庆寺（天界寺）|54| 明瓦廊

大仙寺（大仙庙）|87| 燕西路大石山

F 凤游寺 |54| 集庆门内

J 金粟庵（瓦官寺）|52| 集庆门五福街 18 号

鹫峰禅寺（法光禅寺）|49| 白鹭洲公园内 | 白鹭洲鹫峰寺：市级文物保护单位

M 妙觉庵 |55| 洪武路程阁老巷 14 号

S 三圣庵 | 无存 | 花露岗 48 号 | 三圣庵：区不可移动文物

石观音寺（光宅寺、萧帝寺、法光寺、鹿苑寺、迴光寺）|50| 南老虎头 44 号 | 光宅寺：市级文物保护单位

水草庵 |48| 象房村 4 号 | 水草庵：区不可移动文物

W 瓦官寺（妙悟庵）|53| 花露北岗 12 号 | 瓦官寺遗址：区不可移动文物

Y 炎帝庵 |51| 牵牛巷 40 号

雨花臺

B 宝林寺 |58| 雨花区教师发展中心教材仓库 | 宝林寺：区文物保护单位
碧峰寺 |59| 雨花西路雨花台小学内 | 遗址
G 高座寺（甘露寺） |59| 雨花台烈士陵园内 | 高座寺：市级文物保护单位
H 华严寺 |62| 安德门外小行华严村 | 华严寺遗址：区文物保护单位
J 静明寺 |101| 铁心桥镇韩府山
L 龙泉禅寺（通善寺） |100| 铁心桥镇高家库村 | 龙泉禅寺：市级文物保护单位
P 普德寺 |61| 普德村路，今南京金陵橡胶厂内 | 普德寺：市级文物保护单位
T 天界寺 |60| 雨花西路能仁里 1 号，南京第二化工机械厂内 | 天界寺：区文物保护单位
天隆寺（极乐禅寺） |63| 天隆寺路菊花台公园内 | 天隆寺塔林：省级文物保护单位；玉乳泉：区文物保护单位
Y 眼香庙 |62| 赛虹桥街道窑岗村 | 眼香庙：区文物保护单位

栖霞

B 般若庵（般若台） |70| 栖霞山千佛岩东
D 定水庵 |79| 龙潭街道湾河西街 | 龙潭定水庵遗址：区文物保护单位
定照庵 |71| 栖霞山公园内 | 定照庵碑刻：市级文物保护单位
H 衡阳寺 | 无存 | 栖霞街道衡阳村 | 衡阳寺遗址：区不可移动文物
Q 栖霞寺（栖霞精舍、功德寺、隐君栖霞寺、妙因寺、普云寺、严因崇报禅院、景德栖霞寺、虎穴寺） |68-69| 栖霞街 84 号 | 栖霞寺舍利塔、千佛崖及明征君碑：全国重点文物保护单位；栖霞寺：省级文物保护单位；栖霞山天开岩摩崖石刻：区文物保护单位；地藏王殿遗址：区不可移动文物
S 石佛庵 |79| 汤山桦墅村 | 桦墅石佛庵石窟：市级文物保护单位
宋井寺 |79| 栖霞街道东阳街双井北侧 20 米 | 宋井寺遗址：区不可移动文物
Y 永济寺（弘济寺） |66-67| 幕府山风景区 | 燕子矶、头台洞、二台洞、三台洞：市级文物保护单位；弘济寺石刻：市级文物保护单位

江甯

C 藏龙寺（插花庙） |106| 上峰镇插花村天宝山
昌福寺 |110| 湖熟镇和进村
朝阳庵 |112| 江宁街道花塘社区 | 朝阳庵遗址：区不可移动文物
D [方山] 定林寺（定林寺塔） |88| 江宁科学园方山 | 定林寺塔：省级文物保护单位
F 佛顶寺 |96| 牛首山风景区
G 观音寺（观音堂） |115| 小丹阳七仙大福村
广严寺 |111| 湖熟街道周岗社区 | 广严寺古井：区不可移动文物
H 海慧寺、灵岩寺、东霞寺、宝积庵 |89| 方山 | 石龙池：区文物保护单位
宏觉禅寺、海岳寺、花岩寺 |94-95| 东善桥镇祖堂山 | 花岩寺遗址：区不可移动文物
弘觉寺（弘觉寺塔、舍身崖） |98-99 牛首山风景区 | 牛首山弘觉寺塔及摩崖石刻：省级文物保护单位
J 吉山寺 |92| 东善桥镇吉山 | 遗址
L 龙泉寺 |108| 汤山街道龙尚社区 | 汤山龙泉寺遗址：区文物保护单位
N 牛头禅寺 |97| 牛首山风景区弘觉寺塔下
P 普光寺 |112| 江宁街道花塘社区 | 普光寺遗址：区不可移动文物
Q 祈泽寺 |109| 上坊镇东二里的祈泽山西侧 | 祈泽池：区文物保护单位
清凉庵 |107| 淳化街道青龙社区 | 大城村清凉庵遗址：区不可移动文物
S 上国安寺（上官寺） |102-103| 横溪街道甘泉湖社区 | 上官寺遗址：区不可移动文物
T 天宁寺 |108| 汤山林场长山管理区 | 遗址
天堂寺（禅居寺） |113| 江宁街道陆郎社区禅居村 | 禅居寺遗址：区不可移动文物
Y 幽栖寺 |93| 祖堂山南麓 | 幽栖寺：市级文物保护单位
云居寺 |109| 淳化青龙山青山村 | 淳化云居寺：市级文物保护单位
Z 中山庵 |114| 江宁街道大庙社区大山南村 | 中山庵遗址：区不可移动文物

六合

浦口

溧水

高淳

相鄰城市關聯佛寺

卷二　梵刹傳承

鼓樓　玄武　建鄴

秦淮　雨花臺　栖霞

江甯

城牆内外

北城獅吼、南城雲柳、雨花寂照

名山古刹

幕府煙霞、寶華律影、兩山經照、牛首禪煙

江甯如是

藏龍大福

南京的简称“宁”由“江宁”而来。新中国成立后的主城就是除了现在的江宁区以外的中部六区，历史上一直是南京的核心区域。从公元前333年战国楚始称“金陵邑”（金陵之名即源于此）以来，建置历史达二千三百年，县以上建制的名称有40个之多，如秣陵、扬州、丹阳、江乘、湖熟、建业、建邺、建康、临江、江宁、归化、昇州、白下、上元、集庆、应天、京师、南京、天京等。

“江宁”始于西晋太康二年（281年），唐上元二年（761年）至南唐保大元年（943年）的一百八十多年间，废江宁县，改置上元县。保大二年（944年）分出上元县西南部19个乡，加上当涂北部2个乡，合并再度成立江宁县。从此，上元、江宁二县同城而置，划界分治，形同兄弟，史称“上江两县”。此后历宋、元、明、清，上江两县的设置一直没有改变，城内虽设置有州、府、路、道、县的官府衙门，但均在上江两县地域之内。

本卷所述中部地区辖内的鼓楼、玄武、建邺、秦淮、栖霞、雨花台和江宁七区，其实就是旧时上江两县的辖地，明城墙包围的部分则是这一区域的核心部分，所谓“六朝金粉地，十代帝王家”指的就是这里。既是“六代豪华”与“十朝京畿”之地，免不了建制变动纷繁；人口流动密集，在文化传承方面表现出破坏与变动的表象，不过这也造就了南京包容豁达，宽厚开放、兼容并蓄的文化特性和今天南京人为人称道的个性特点。

相较其他区域，中部地区是佛寺遗存最多的，而作为南京市现有辖区中人口最密集、经济最发达所在，本区的佛寺建设也明显优于他区；但整体数量和历史上的记载相比还是大大缩减，正恰恰反映了历史文化传承久远和破坏较为严重的一体两面。

静海寺左景
静海寺右景
城河
獅子山
儀鳳門
繡球山
天妃宮
天王殿
山門
方丈
彌勒殿
潮音閣

城牆內外之

北城獅吼

南京城有兩條路，中山東路和漢中路，東接中山门，西連漢中门，實將南京城分成了城南和城北。

自城牆西北角始，沿西城牆南下，經此東西二路到中山门，再北行過臺城、玄武湖，劃了个圈。城中大寺，雲集是處。

静海寺、天妃宫（观音寺）——地藏古寺——古林寺——清凉寺（善庆寺、地藏寺）——驻马庵——普渡庵（皇姑庵）——永庆寺——香林寺（兴善寺）——毗卢寺（毗卢庵）——半山寺（报宁禅寺）——玄奘寺——鸡鸣寺（栖玄寺、建元寺、同泰寺）——[玄武区]诺那华藏精舍——紫竹林禅院（耆阇寺）

静海寺、天妃宫（觀音寺）

寺与宫皆因明时郑和下西洋而建，初创即为比邻，后毁于战火，仅永乐间（1403—1424 年）立御制弘仁普济天妃宫碑独存。今构是旧址新建，狮子山下，鳞次栉比，蔚为壮观。

静海之名，取四海平静、天下太平之意。因为是中国近代史上第一个不平等条约《南京条约》的议约地，今天的静海寺不再是真正意义上的佛寺，而是作为爱国主义的教育基地，成了南京条约史料陈列馆和郑和纪念馆。就像寺后的三宿岩之名——“真假山”，静海寺就是“真假寺”了。

新建的静海寺与天妃宫组团，单体建筑宏大。设计者按明初的建筑风格，大概想着是敕建，所以规制较大。房子建得挺好，总体上却有种放错地方的感觉。细想下，尺度过大和缺少细节怕是主因，再就是历史积淀的缺失和作为佛寺本身的气场不足。《金陵梵刹志》中对寺与宫的殿堂设置记录详尽，更有绘制的全景图，当初设计建造的时候怕是匆忙了些！

天妃宫与静海寺隔桥相望，静倚狮子山余脉，风景还是不错的。现如今也请了佛家的师傅来住持，所以挂了观音寺的牌额，也算得上是个传承。只是过大的庭院显得空旷，有别于佛家空间出尘与入世、人佛交集的那种充实感。

地藏古寺

寺其实不古，相比南京城里的其他寺庙，始于清末的历史实在算不上什么。这座原来在秦淮河入江口附近的小庵堂，一直有僧尼弘法，在下关一带信众颇多，香火不断；2000年，迁至狮子山北麓。寻之颇有通幽入胜之感，从仪凤门入，沿着曲折蜿蜒的城墙行至最西北角，方能发现隐于林中的一角飞檐。

寺相当简朴，沿阅江楼下山腰一字排开，依山而建面北的大雄宝殿和两边的观音阁、地藏殿，加上几间僧房，就是全部了。这里很安静，师傅与居士在阳光下平和地交流着，大殿内播放着诵经的音碟，衬着城墙的质朴，尤显清亮，梵音回荡，倒也相得益彰。

古林寺

寺曾是佛寺律宗中兴的重要所在，原址在西康宾馆西侧。因虎踞北路的拓宽工程，出土了舍利塔的构件，现安置在古林公园内，原来山门前的石狮子则被南京市博物馆收藏。

据说，将要在古林公园内重建古林寺了。

清凉寺（善慶寺、地藏寺）

寺在清凉山，山原名石头山，孙权以之为屏障筑石头城。寺是古寺，始于南朝，盛于南唐，元宗李璟礼请文益禅师住持，改名为清凉大道场，从此，石头山改称清凉山。

禅宗“一花五叶”中的最后一叶——法眼宗，就是文益法师所创。文益逝后，李璟赐谥为“大法眼禅师”，故用“法眼”命名该宗。

寺西有善庆寺，其扫叶楼因大家龚贤闻名；寺东山顶有地藏寺，号称小九华，后为崇正书院。清凉山佛法昌盛，传承久远，直至太平天国拆毁，宗风不再。之后，虽时有僧侣修行，却日渐萧条，“文革”时荡然无存。

1980年代我们到清凉山写生，该时寺仅几间瓦房、一口古井而已。现在的主佛殿大约是1990年代初所建，原为公园茶社，据说是从城南搬过来的古构。2009年清凉古寺得以恢复，近期在重建大雄宝殿时发现大型建筑遗址，当为寺之前身。

佛教四大菩萨之一文殊师利菩萨居于清凉世界，《华严经•菩萨住处品》云：“有处名清凉山……现有文殊师利菩萨与其眷属诸菩萨众一万人俱，常在其中而演说法。”文殊菩萨以有大智慧受信众崇敬，欲求智慧者礼拜之，清凉寺即是文殊菩萨道场，且常有说法活动，不负古寺道场名号。

现在的清凉寺，殿宇不多，掩映在公园的林木中，颇有深山藏古刹的幽远意境。信众亦多，每去皆能体会其在弘法方面的作为。寺虽小，但在幽远中生机勃勃，喜欢。

駐馬庵

庵与普渡庵曾为一家，隔乌龙潭相望。清光绪间（1875—1908 年）建，奉诸葛武侯。

从汉中门萍聚村 5 号进入，余二进，存古黄杨一株，风貌犹存，但破败不堪，亟待保护，可与乌龙潭公园结合考量?

普渡庵（皇姑庵）

庵在龙蟠里 22 号，与毗邻的 20 号原为一体，乃是魏源故居小卷阿。

据说魏源之子魏耆为安置太平天国掌玺元妃，分房一半建庵，现已拆除。

永慶寺

寺乃南朝名刹，原址在上海路五台花园一带，现已无存，仅余柱础一个，被放置在永庆巷永庆村6栋的单元门口，是永庆寺末代僧人避尘师傅的最后一点念想。

香林寺（興善寺）

寺在后宰门佛心桥玄武区房产局院内。寺名源于南朝梁时江宁湖熟的一座叫做杜桂院的小佛寺，明代改为香林院。而佛心桥的这处香林寺原为明洪武间（1368—1398年）创建的兴善寺，是灵谷寺管辖的下寺。清康熙帝第三次南巡来到南京，到兴善寺游历，见寺内鸟语花香林木幽深，遂将之改称为香林寺。

寺存大殿一座、老银杏三株。大殿翻修过，唯柱础图案精美为原物。因寺碑载：“前织造部堂曹大人买施‘秣陵关田二百七十余亩和州田地一百五十余亩’。”被认为是曹雪芹的祖父江宁织造曹寅布施的寺产，红学研究者多有将之视作“曹雪芹家庙”。

毗盧寺（毗盧庵）

寺初名毗卢庵，是明嘉靖间（1522—1566年）建的小寺庙，后毁于兵火。清光绪十年（1884年）曾国藩的弟弟曾国荃在原庵址建寺，并有展拓，东至清溪河，西至大悲巷，北至太平桥，南至汉府街，时为南京第一大寺。民国时，中国佛教自传统走向现代的标杆人物——太虚法师，在毗卢寺筹办中国佛教协进会，寺也因之成为一个标志性的道场。

眼前的毗卢寺是在原中国佛教协会会长赵朴初先生的倡导下重建的，建筑多是2000年以后建成，黄墙红窗、琉璃飞檐，雕梁画栋、藻井珠灯，称得上是金碧辉煌。大雄宝殿为原寺遗存，典型的清晚期建筑风格，大殿的立柱还是曾国荃从南岳衡山运来的香木立柱。为配合万佛楼的巨大体量，大雄宝殿被抬上高台，位置也向前迁移，所幸本身的构建未动。原有的两株老银杏也从殿前变成了殿后。因用地紧张，新修的山门把四大天王放在了门坊的柱顶，寺里也就未建天王殿了。

寺的面积虽小，宝贝却不少。万佛楼藏有全套《乾隆大藏经》及明大报恩寺磬、清荷花缸，三者并称“毗卢寺三宝”，和那万余尊镏金铜佛一起，金光万道、与日争辉。

寺外高楼耸立、车水马龙，于闹市中做个清静地本就不易，诚如大雄宝殿旁新建的钟亭额题“超凡”二字，许是此间僧众的心声。太虚大师的偈句：“仰止唯佛陀，完成在人格；人成即佛成，是名真现实。”被描金刻在了毗卢寺的墙壁上，愿偈句所警，世人能传之。在大雄宝殿的原基址边，是一尊尊憨态可掬的石雕小和尚，恐怕也就只有他们真正的心无挂碍了。

半山寺（報甯禪寺）

寺在中山门海军指挥学院内的东北城墙下，是在清末遗构的基础上修建的，三进两院，有拱门相通，东侧高岩上修半山亭。

寺之所以有名，乃王安石舍宅为之，原名报宁禅寺，因址在唐时白下县城的白下门到钟山的半道上，遂名半山。

玄奘寺

寺与九华山公园合而为一，建于2001年，虽是新构，底蕴却厚。所在九华山，古称覆舟山，因山南麓有小九华寺，遂亦名小九华山，南京人叫九华山。南朝时这里曾是佛家聚集之地，除小九华寺，还有青园寺、法轮寺、青园尼寺等，因屡遭战火，风光不再。民国时，侵华日军在大报恩寺三藏塔遗址挖到唐高僧玄奘大师的顶骨舍利石函，在九华山上建三藏塔供奉，九华山才重浴佛光。

公园大门即寺之山门，依山而上至三藏塔自成轴线，塔前立玄奘法师像，西侧建六和钟亭，取“身和同住、口和无诤、意和同悦、戒和同修、见和同解、利和同均”之意，深远有蕴。

寺之主体为利用原九华茶社的房屋所改，供法师像和观音、文殊、普贤、地藏四菩萨，两翼建地藏殿、露天十八罗汉等。林静山幽，寺占公园秀色、九华山地利，香火十分兴旺。奈何殿前牌位的明码标价却将寺置于市，玄奘法师若知，不知作何想？

雞鳴寺（栖玄寺、建元寺、同泰寺）

寺在解放门边的鸡笼山上，始于东吴，曾名栖玄寺、建元寺，又说梁武帝建同泰寺即鸡鸣寺前身，明太祖朱元璋并东晋旧寺五而为一，拆旧建题新额，改作鸡鸣寺，为明南京城内的次大刹，位列金陵四十八景之一。

清初重修，咸丰间（1851—1861 年）毁于兵燹，同治间（1862—1874 年）重建，1958 年改成尼众道场。后再度重修至今，已是南京城内最为知名的寺庙之一。

[玄武區]諾那華藏精舍

即玄武湖诺那塔、喇嘛庙，乃民国时的国民党高官居正和柏文蔚为诺那法师所建之纪念堂。

1993 年诺那法师传人智敏、慧华金刚上师教育基金会出资修复，挂牌匾为圆觉宗诺那师佛纪念馆及诺那华藏精舍，是南京城里为数不多的佛教密宗活动场所。

紫竹林禪院（耆闍寺）

寺的前身是东晋耆阇寺，隋灭陈时毁于战火，明末崇祯间（1628—1644年）颛愚观衡和尚在耆阇寺原址建寺，因紫竹环绕，自题“紫竹林”为寺名。是当时著名的华严宗道场，并为南京城北最大的寺院。寺先损于太平天国，后毁于日军侵华。

现仅余遗址，隐藏在南京疾控中心办公楼东侧的小山上。有石塔二座、石鼓一对和石构件散落，石井圈上还有紫竹林、仙人井的字样，只不知石塔葬的是哪两位高僧的舍利？山坡上紫竹丛丛，倒是个怀古的好去处。

城牆内外之

南城雲柳

南京城的南半部，以其東通濟门為始，沿東城牆南下，環城達其西水西门。巷陌街集，寺隱于市。

水草庵——鹫峰禅寺（法光禅寺）——石观音寺（光宅寺、萧帝寺、法光寺、鹿苑寺、迴光寺）——炎帝庵——金粟庵（瓦官寺）——瓦官寺（妙悟庵）——凤游寺——大龙翔集庆寺（天界寺）——华严庵——妙觉庵

水草庵

庵在通济门外象房村，始建于明万历间（1573—1620 年）。原有三进两院，北临明外濠，被毁于 1980 年代的象房村拆迁改造。后在新建的居民楼间建了三开间的平房一幢作为尼庵，其内供如来、地藏、观音、弥勒等十余尊佛像，十分拥挤。

庵门朝西，由一条窄巷通至临街外门。

鹫峰禅寺（法光禅寺）

寺在白鹭洲，紧傍明城墙，前身为南朝梁之法光禅寺，明天顺五年（1461 年）得拓规模，并因纪念唐代名僧鹫峰更名。至今，鹫峰禅寺几经兴废，仅毗卢宝殿为清末遗构。寺在 2000 年前后重修，尽复《金陵梵刹志》所载鹫峰寺旧观，营建之功有据有节；寺修得朴实，其内诸门虽大多简便从事，但门门递进，尚得通幽入胜之谛，想来住持大德颇有修养。

昔日回光、鹫峰两寺夹秦淮旧院，灯红酒绿下的蚀骨销魂却是衬托出鹫峰清幽毓秀的胜景。烟雨凄迷中，堤岸几数垂柳，水色瀛秀。东园故址北望，一角翘檐可见，白塔对眸，城头雉堞依稀，此“青溪鹫峰”之秀也。

如今，回光寺早已泯灭，剩下白塔和鹫峰寺在秦淮水街之隅，“宝鼎高立，佛塑金身；庙宇飞檐，法相庄严。”只是少了《儒林外史》里“到鹫峰禅寺吃茶”的人间气息。奈何“笙歌灯火对冷烟，路入清溪忘禅元”，愿鹫峰禅寺借风景之秀再擅佛光。

石觀音寺（光宅寺、蕭帝寺、法光寺、鹿苑寺、迴光寺）

寺在江宁路老虎头，与周处读书台毗邻。南朝梁武帝舍出生地故宅为寺，名光宅寺，又名萧帝寺，南唐改名法光寺，宋又改为鹿苑寺。明永乐间（1403—1424 年）以修建大报恩寺余款重建鹿苑寺，更名迴光寺。

因战火寺废，清乾隆间（1736—1795 年）在寺之废墟中掘得石观音像，后借寺庙重建之机以石观音寺为名，逢初一、十五，香火旺盛。

炎帝庵

庵在城南牵牛巷，建于清同治四年（1865年），今留院落两进，虽为民居，但大致保持原构。

院内有一古井，为安全计以大缸坐于井口。山门抬梁式，蜀柱有小斗栱，坐斗刻线条如瓜形，应该有雕花封在墙里，值得保护。门外牵牛巷，长不过百米，宽不到三米，沿路老房子干净整洁，墙上挂了许多鸟笼，聊有生趣。

金粟庵（瓦官寺）

老城南的集庆门里，来凤街和五福街中间有一条小巷叫做金粟庵，乃因巷口建在南朝瓦官寺旧址的金粟庵得名，其本身的传承可以追溯到清同治间（1862—1874 年）。

庵在市井，不过千余平方米，规模虽小，却精致耐看，也很传奇。能保留至今，香火旺盛，主要仰仗大和尚全乘法师的功德，师傅于此领众修行六十余年。《维摩诘经》载“金粟如来”，维摩诘居士所住的卧室虽仅一丈见方，却能容纳二千弟子之座，有不可思议之妙，庵如其名也。

一般寺庙的早课诵经在凌晨的三四点，这里却延迟到了五点半，是僧人为了不影响周围居民休息特意为之。佛门净土与喧嚣日常，实已紧密融为一体。

瓦官寺（妙悟庵）

寺的名声很大，始建于东晋，几经兴废，现在的三进院是2003年在妙悟庵的原址上建起的。

南朝梁时曾建有瓦官阁，高二百四十尺，是建康城登高远眺的绝好去处，诗云：“云散便凝千里望，日斜常占半城阴。”可想当时之恢弘。入陈，天台宗创始人智者大师住瓦官寺八年，后人尊之为天台宗祖庭，至今，日韩的天台宗僧人仍到访不绝，寺的第三进院的侧厢房设有智者大师纪念堂，即专为造访天台祖庭者设置。

据《南朝佛寺志》载：“（晋瓦官）寺有戴安道所制金像，狮子国所贡玉像，顾长康所画维摩图，谓之三绝。”如今，三绝早已荡然无存。但新建的瓦官寺第二进院的五方佛殿，供奉了仿三绝之一的戴逵金像——五佛相背环坐的五方佛像，以为追溯。离之不远的金粟庵，却是在瓦官寺的南朝旧址上兴建，且寺名典故来自三绝之一的顾恺之画维摩图（维摩为金粟如来），庵里又供奉缅甸玉佛。此三者，合在一起倒可算作象征性的三绝了。

寺向西百米有小巷叫凤游寺，与凤凰台相邻，是明时上瓦官寺所在。周围有金粟庵、阮籍墓、凤凰台遗址、胡家花园（愚园）等古迹，南京老城保留下来不多的老民居也散落其间，是个怀古幽思的好去处。现在这一带已经纳入城市更新计划，临近的工厂等正在拆迁，未来的瓦官寺面貌定会有更多的变化。

寺今日规模不及盛世十分之一，在城南门西的小巷里也不易寻找。午后的阳光里，她静静地立着，和周边正在拆迁建设的大干快上对比强烈。寺里信众却是不少，各自做着功课，对到访者视若无睹。寺虽新建，大概因传承久远，只需默站片刻，一阵古风即扑面而来。

鳳游寺

寺址所在即瓦官寺西、金粟庵南的城南小巷凤游寺，是明万历间（1573—1620 年）在瓦官寺旧址上修建的，因临近凤凰台得名“凤游”。

巷口小学边建有围栏，保护遗存下来的仓顶大井，还有一对石烛檠和古林寺的石狮子一起，陈列在南京市博物馆里。

大龍翔集慶寺（天界寺）

寺在朝天宫东，明洪武元年（1368 年）太祖朱元璋下令改称天界寺，并于此开局修纂《元史》，二十年后，寺毁于火，新址迁于中华门外。

旧址则渐被民居湮没，今丰富路海外工商管理学院兴建校舍时挖出石柱础二个，据说为大龙翔集庆寺旧物，但柱础素面鼓形，径不过尺，恐不足证。

華嚴庵

庵址即莫愁湖公园内的胜棋楼所在，原为徐达家庙，仅余庵名，其他无存。

胜棋楼的院子前其实挂着华严庵的牌额，可惜总是被人忽略。

妙覺庵

庵在程阁老巷，据说是羊皮巷尼庵拆迁安置在这里的。庵仅一间，供娑婆三圣。

在寸土寸金的新街口以沿街商业铺面为庵，无论如何称得上道心坚固了！

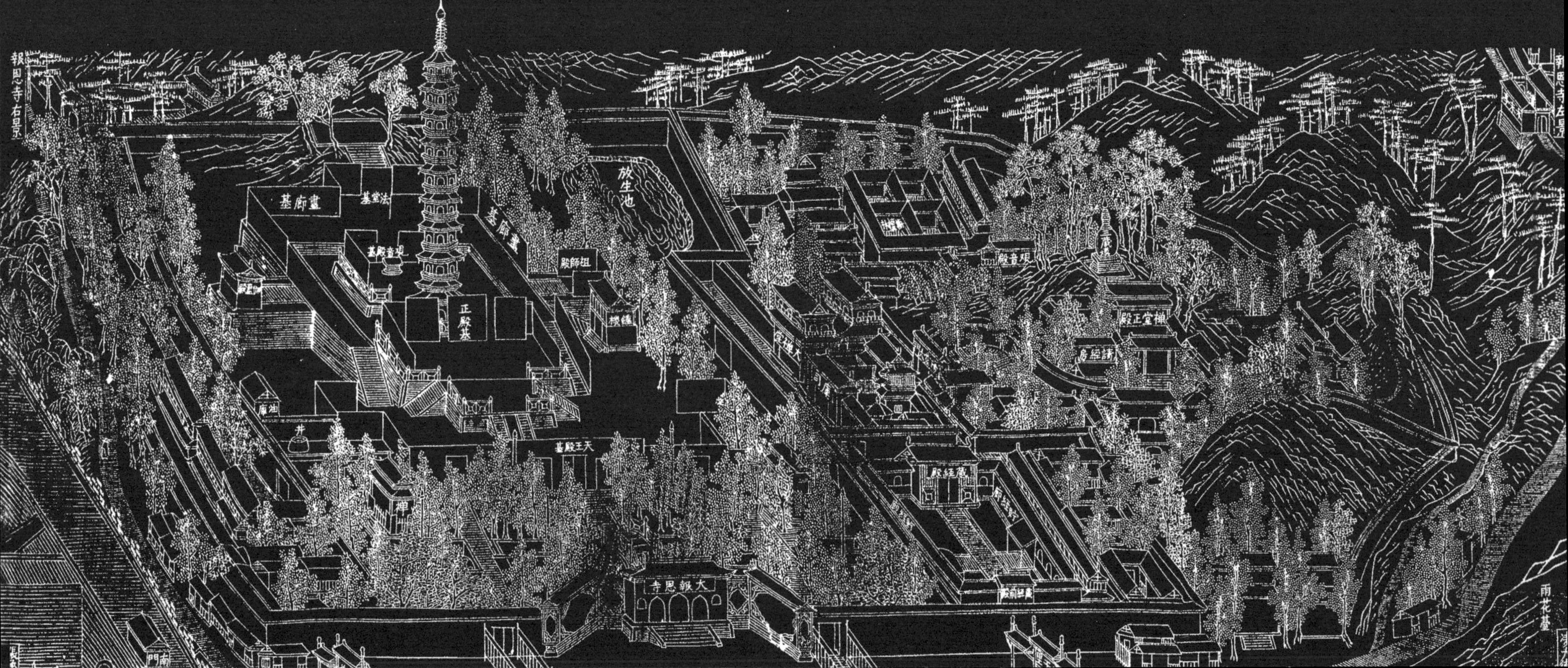
報恩寺右景
報恩寺左景
放生池
大報恩寺
雨花臺
南門
天王殿
正殿
祖師殿
觀音殿
禪堂正殿
講經房
藏經殿
畫廊
法堂
井

城牆内外之

雨花寂照

南京城外南城地，除天界寺，明初均為大報恩寺統領諸刹。然除高座尚猶為寺，余皆過眼雲煙。

大报恩寺（建初寺、三藏禅院）——宝林寺——高座寺（甘露寺）——碧峰寺——天界寺——普德寺——眼香庙——华严寺——天隆寺（极乐禅寺）

大報恩寺（建初寺、三藏禪院）

寺乃明清佛寺鼎盛时期的金陵三大寺之首，其琉璃塔尤有“绝美之伟大建筑”的美誉，毁于清咸丰六年（1856 年）的太平天国战火。寺址原为东吴建初寺所在，史称“江南佛寺之始”。

寺南侧原为供奉玄奘顶骨舍利的白塔和殿宇组成的三藏禅院，现存东西向殿堂二座，在晨光机械厂南侧巷内，称三藏殿。清宣统元年（1909 年）江苏省僧教育会借之开办“僧师范学堂”，创立“人间佛教”的佛学大家太虚法师也曾于此学习。位于西面的前殿，规模稍小，脊檩底书有“民国二十四年荷月吉日住持僧本明重建”的字迹。据看门保安回忆，说他小时候看到里面放的是四大金刚，若无误，则是天王殿了。

今在寺址兴建大报恩寺遗址公园，并重建大报恩寺塔，周边也得到了统一规划进行开发建设。

寶林寺

寺传为明初徐达所创，现为雨花区教师发展中心的教材仓库，平房三间且经扩改建，不复原貌。

高座寺（甘露寺）

寺在中华门外雨花台风景区内，始建于东晋，原名甘露寺。因西域沙门尸梨密多罗讲经时坐在高处，被人尊称为“高座道”，是以“高座”为寺名。

明初寺废，仅甘露井遗存，一度为雨花台烈士陵园纪念馆，2011 年恢复。

碧峰寺

寺在天界寺西一里，明代的中刹，为大报恩寺所统，曾供养郑和铸铜佛罗汉。

寺已无存，址在雨花台小学内，留有刻了“碧峰”二字的湖石一块，堆砌于校园的花池假山之中。

天界寺

寺在历史上享有极高的地位，与灵谷寺、大报恩寺齐名。其前身是元代的大龙翔集庆寺，明洪武间（1368—1398 年）迁建于今址，现在南京城里的鸡鸣寺、静海寺、清凉寺、瓦官寺、鹫峰寺、弘济寺等，当时都属天界寺统辖。寺之基址范围达六百余亩，涵盖了如今的普德村到宋晟墓、雨花西路到雨花台之间。

寺亦毁于太平天国战火，遗存的大殿成了南京第二化工机械厂的幼儿园，因为一直在使用，不同时期改造的痕迹很明显，但改造者一直保留着天界寺这个名字。现在的院子里还有一些残留的构件，可窥当初构建的精美和宏大。

幼儿园已经迁走有三四年了，也不断有投资人打算重现昔日辉煌，但始终未有定论。当初的三大寺，灵谷寺与紫金山共生共存发展得很好，大报恩寺也即将建成遗址公园，天界寺的未来会是怎样？

普德寺

寺在共青团路与普德村路转角处的老金陵橡胶厂内。《金陵梵刹志》载："在都门外南城地，东去所统报恩寺一里，东北去聚宝门一里半……前后山苍翠环逼，松林茂深，时堕秀色，旁接雨花之胜。"据史料判断，寺原为目字形布局的四进三院，现存的两间大殿可能是天王殿和大佛殿。房子已经十分破败，眼看要失修毁损。心里感慨：五年前来看，大殿的屋顶还基本完好，现在塌了大半了。

有说普德寺建于南朝梁，为四百八十寺之一，距今有一千四百多年的历史。不过，《金陵梵刹志》载创于明正统间（1436—1449年），《白下琐言》亦载："聚宝门外普德寺，明内监刘瑾尝修之，寺内有瑾像，僧讳言之，指为伽蓝神。"据之，很可能是明太监刘瑾为自己创建的生祠。

寺之出名在于供奉的铁佛和五百尊铁罗汉，铁佛不知毁于何时，铁罗汉本来遗留了很多，有两尊还被带到了日本，剩下的在"文革"大炼钢铁时毁损殆尽。

翻看有关普德寺的老照片，大殿及周边地理状况的今昔差别不大。对南京而言，这座典型的明代寺庙还是具备重整的价值和条件的，只是不知会等到什么时候，抑或等不到那个时候。

眼香廟

庙在同仁堂制药厂旁南京药业有限公司配送中心仓库，大殿和两厢房屋仍在。

传为大报恩寺塔琉璃构件的存管之所，旁有琉璃窑遗址，又有庙之所奉眼香娘娘护佑窑工昭目一说。

華嚴寺

天隆寺（极乐禅寺）

寺传建于南朝梁，又名极乐禅寺。明宣德间（1426—1435 年）重建，赐额天隆极乐寺，该时实属小刹，寺名不扬。至万历间（1573—1620 年）南山律宗高僧古心圆寂后葬于此，之后其弟子隐微性理律师、印含性璞律师、信关智安龙锡公、梵行广公等历代大德皆葬于寺后玉环山。天隆寺因之地位日隆，有“中兴戒律第一祖庭、敕赐振古香林”的称谓。

寺毁于太平天国兵火，后虽有补葺，旧观难复，残留石塔近二十座，“文革”间皆被推倒，构件多被附近农民搬回去垫房基、砌猪圈，1990 年代来此怀古，尚可见散落林壑的幸存者。现在已经修复了古心初祖及印含璞公、安龙锡公几位祖师的墓塔，小慰寂寥。2014 年 9 月天隆寺举行了重建奠基，只望善待塔林，以为传灯。

名山古刹之幕府煙霞

幕府、栖霞两山，皆源茅山，亦皆近江名胜

永济寺（弘济寺）——栖霞寺（栖霞精舍、功德寺、隐君栖霞寺、妙因寺、普云寺、严因崇报禅院、景德栖霞寺、虎穴寺）——般若庵（般若台）——定照庵

永济寺（弘济寺）

寺初仅有观音阁，乃明洪武初（1368 年—）依山筑之，正统初（1436 年—）就阁建寺，名弘济寺，清乾隆间（1736—1795 年）避皇帝名讳更为永济寺，“永济江流”是金陵四十八景之一。近年整修幕府山景区，观音阁及三台古洞均得以整修一新，除了景区里新制的摩崖壁画、佛手雕塑有过犹不及的感觉，总体上还是不错的。

只不知何故，有了佛寺却无僧尼信众，如画风景中毫无香火，不禁想起寺里那著名的长联：“江水滔滔，洗尽千秋人物，看闲云野鹤，万念俱空，说什么晋代衣冠、吴宫花草；天风浩浩，吹开大地尘氛，倚片石危栏，一关独闭，更何须故人禄米、邻舍园蔬。”最近听说要有僧团进驻重开佛光，且规划方案正紧锣密鼓进行中，期待……

幕府山夹萝峰山腰，东去三台洞不足一里，从五马渡登山可抵达摩洞。洞口现已修葺一新，但山石嶙峋高古之意依旧，

石刻遗痕犹在却已无字迹，洞内置达摩浮雕石刻一方，上书“达摩西来一字无，全凭心意用功夫”。石刻旁香灰散落，礼佛者归真之心有如壁观。

幕府山西，距江边不过百米，有洞曰吼子洞。洞口只容一人通过，入内七八米分前后两厅，之后洞口变小，人不得入，不知深几许。一位守洞老人闭眼躺着，不知是假寐还是冥想，不去惊扰了。

朱偰《金陵古迹图考》对幕府山记载颇为详尽，除了永济寺和头、二、三台洞外，达摩洞附近还有嘉善寺、崇化寺、幕府寺、吉祥庵等寺庙，幕府山则有包含达摩洞、三台洞、吼子洞等在内的岩山十二洞。清金陵四十八景幕府山更有其六：幕府登高、嘉善闻经、达摩古洞、永济江流、化龙丽地、燕矶夕照。如今，嘉善寺苍云崖的幽绝之境只能从朱偰书中寻觅，其他五景皆成新丽，沿江登山可谓美不胜收。

栖霞寺（栖霞精舍、功德寺、隱君栖霞寺、妙因寺、普雲寺、嚴因崇報禪院、景德栖霞寺、虎穴寺）

寺在城东北的栖霞山凤翔峰西麓，乃南朝古刹，初称栖霞精舍，唐时名功德寺、隐君栖霞寺，南唐时重修栖霞寺改为妙因寺，宋又更为普云寺、栖霞寺、严因崇报禅院、景德栖霞寺、虎穴寺（栖霞山又名虎穴山），明洪武五年（1372 年）复称栖霞寺，后毁于太平天国兵燹。

现在的主体建筑是在 1919 年民国建筑的基础上修建的，寺前碑亭中“明征君碑”、寺后南朝佛窟、五代舍利塔均为全国重点文物保护单位，据之可明栖霞寺盛时之迹。如今的栖霞寺称得上是南京诸寺之首，既是汉传佛教三论宗祖庭，又有中国佛学院栖霞分院，培养学僧，弘扬佛法，地位卓隆。

般若庵（般若臺）

庵在千佛岩东去一里的畅观亭和桃花扇亭之间的小道边，遗留的石刻佛座依稀可见昔日细腻精致的形貌。《金陵梵刹志》载："般若庵，旧庵已废，今重建，佛座上有石刻《四十二章经》。"

栖霞山自南朝起即为佛教圣地，山里寺院众多，有记载的就有圆通禅院、白云庵、般若庵、幽居庵、翠微庵等，但今日所见也只有这般若庵留下的般若台了。

定照庵

知道定照庵是因为一则网上的新闻，称在栖霞山新发现两处建筑遗址，疑为明代高僧素庵法师墓塔。按之寻找，几番反复后终在小营盘后面的小路上找到了市政府立的定照庵石刻文物保护单位碑，附近有些散落的石构件，但新闻中提到的石碑和建筑遗址未能觅得。

望着幽幽密林，回想探访六合方山梵天寺也是如此，在遗址周围逡巡往来就是不见其踪，最终还是依赖于知情人的带领，竟然就在眼皮底下，看来定照庵遗址的相遇也要靠机缘了。

敕賜慧居寺圖

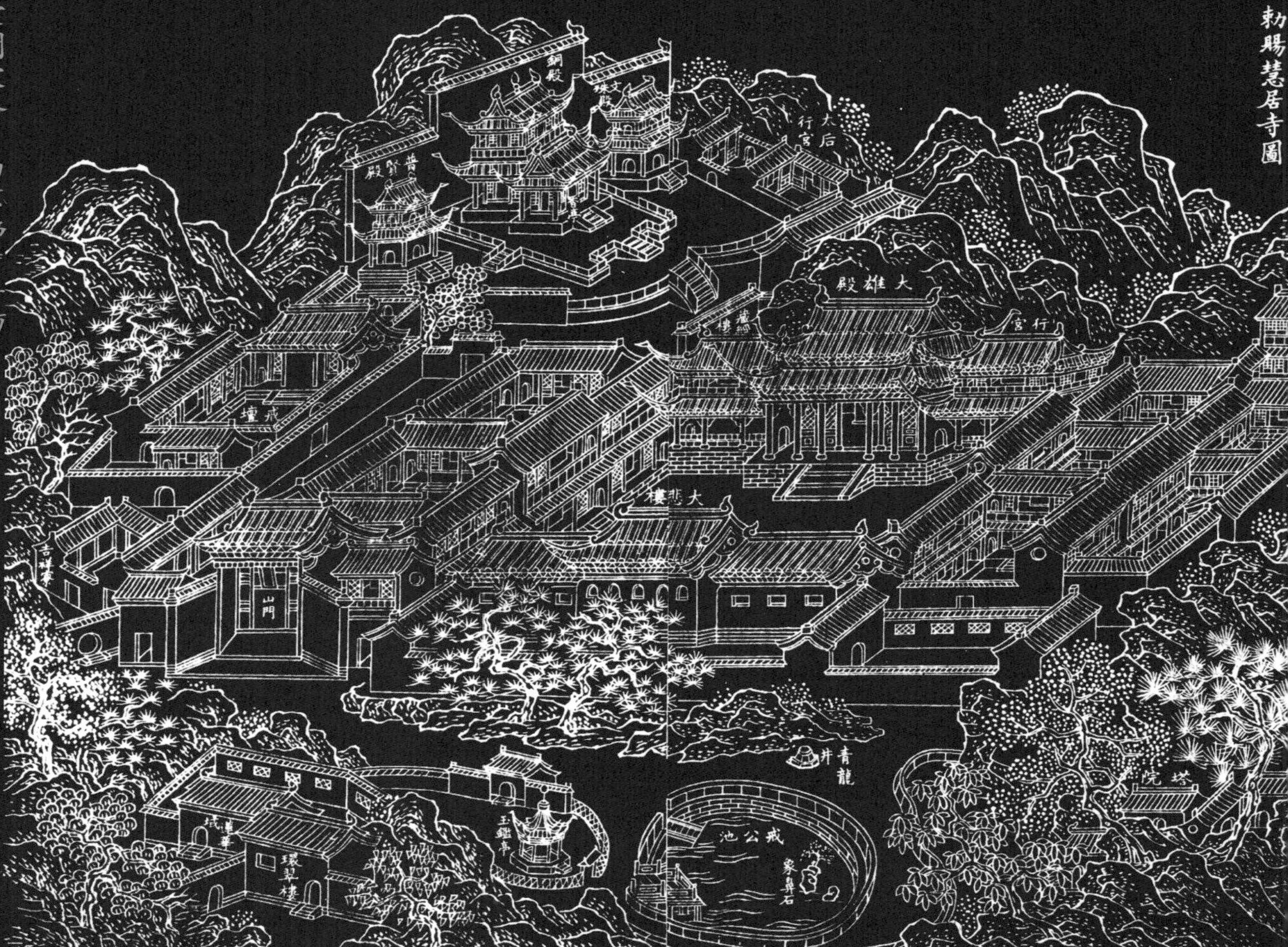

名山古刹之

寶華律影

寶華一脈，殊地同歸。

隆昌寺——一叶庵——鹿山庵——玉泉禅院（玉泉庵）——定水庵——宋井寺——石佛庵

隆昌寺

寺在句容宝华山，距南京七十里许，今为镇江市辖治。地图上看，宝华山嵌入南京市的栖霞区和江宁区边界。录入的原因，一是自北宋始，直至民国，隆昌寺所在一直是江宁治下；二是隆昌寺的历史更是与南京的佛教密不可分。

明万历间（1573—1620 年）古心律师回南京后任古林庵主，中兴南山律宗，被尊为南山宗第十三代律祖，其与再传弟子以南京为基地形成了“律宗古林派”，古林寺也成为公认的“中兴戒律第一祖庭”。崇祯十一年（1638 年）古心律师命十二弟子分赴全国各地弘律。其中有三昧寂光律师，命住扬州石佛寺，后主宝华山隆昌寺。律师上得宝华后，建坛传戒，重建大雄宝殿等建筑，山门向北。之后，其弟子见月任住持，建石戒坛及布萨堂、客房、屏教所、悦心堂、环翠楼、留云楼等；同时，建隆昌寺下院，南有一叶庵，北有龙潭定水庵，西有穿云庵，南麓建鹿山庵。这时的隆昌寺“三门巨丽，甲于东南”。

隆昌寺现在的建筑，除铜殿和无梁殿是万历间（1573—1620 年）妙峰大师在时所建，其余多为寂光与见月大师时候的建造。原有房屋九百九十九间半，因“文革”失修倒圮了一部分，仍有房屋四百余间，足见当初的规模和气势。

宋“伽蓝七堂”建制形成后，寺庙一般为山门、天王殿、大雄宝殿、藏经楼在一条轴线上的布局，隆昌寺的山门却在一侧，藏经楼、大雄宝殿、方丈室成一字形排列，又与左右厢楼及正面的大悲楼组成一四合院；其北端自西向东建有斋堂、下客堂小院、戒堂小院、铜殿和无梁殿小院、祖祠堂小院等七个小院，小院与主殿院落相连，组成重叠方形布局的锁式结构。

院中套院，院与院通，有门道回廊相随，这是隆昌寺的特有格局，整体雄壮严密，山门朝北四合方形，宛若法坛，与律宗道场之名相合。三昧是律宗“千华派”的开创者，见月继承古心、三昧二祖的遗志，续传律宗法脉，光大千华一系。以宝华山隆昌寺为基地，奉唐代道宣律祖为高祖，古心为太祖，三昧为第一祖，见月为第二祖，再依次传德基、真义、常松、实永、福聚等。直至近代，融忍、戒署等传戒不断，千华一派枝繁叶茂。直到今天，中国佛教律宗的传承，多是从这个系统中发展延伸出来的。宝华山也因此真正成为全国的“律宗第一山”。

补赘一句，很多人都将宝华山隆昌寺奉为律宗祖庭，其实“先有古林，后有宝华，宝华一脉源于古林。”

一葉庵

庵为隆昌寺的女众律院，在寺一侧的山坡上，设尼部戒坛，亦为见月法师兴建于清康熙间（1662—1722 年），“文革”中遭到破坏，至 1990 年代逐步得到恢复，挂鹿山庵牌额。

现又有新建，乃混凝土仿古建筑，取隆昌寺院落式布局，大殿三层，厢房二层，清净不简单。

鹿山庵

庵是隆昌寺下院，见月大师住持隆昌寺时，富户薛宾于清康熙间（1662—1722 年）建于宝华山西面的鹿山南麓。庵今一分为二，山上原一叶庵今亦挂鹿山庵额。

提到鹿山庵不能不提及隆范师傅，没有她，鹿山庵可能只剩下断壁残垣了。师傅是南京人，二十余年前到鹿山庵时，房舍已近坍塌，乃求助于金山寺，用其拆改剩下的木料修复了房舍，经年努力，又建了西厢房。师傅指着大雄宝殿后一处高台说：原本希望在上面建大殿的，自己怕是没有能力了。

说到建庙，师傅很健谈，如何修寺如何建舍娓娓道来，我们也借此知道了一路行来的艰辛，问师傅为何不出去化缘建寺？师傅说：“本山规约，不立化主，不募外缘，一切随缘。”虽然庵里的经济并不宽裕，但小院里花草繁茂，师傅修行的道心看来并未受到影响。

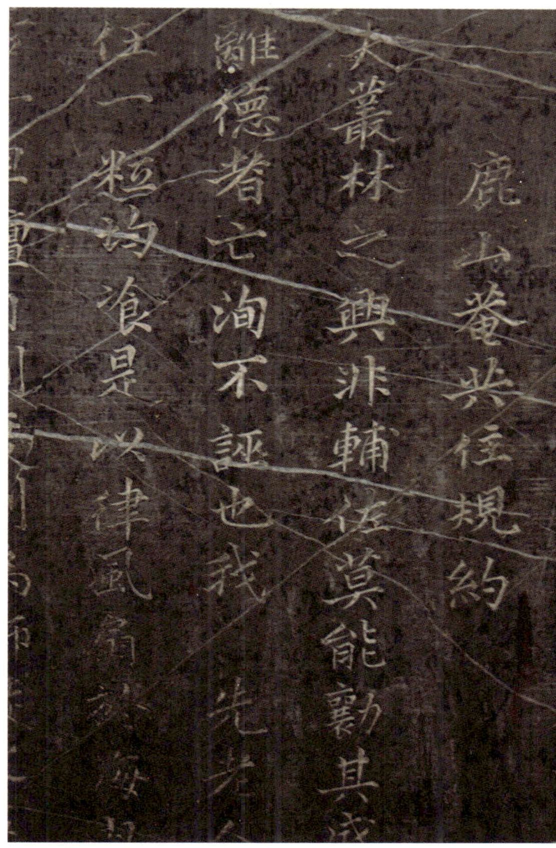

玉泉禪院（玉泉庵）

铜山在宝华山的北面，距隆昌寺直线距离不足五千米。《宝华山志》载：“铜山在大华山北，峻嶒崛起，特立江介，昔产铜故名，下有龙王庙、龙王池诸胜。”玉泉禅院在铜山南麓，因铜山之泉得名，明当地名士谢璘《玉泉寺记》载：“铜山旧有梵刹玉泉庵，元末庵废，洪武丙寅（1386 年）姑苏慧岩禅师至山，株茅为庵……”明代禅院中兴，入清又为太平天国战火所毁，现在的老房子是光绪间（1875—1908 年）重建后遗留下来的。

禅院虽在宝华山下，但极不好找，从 312 国道北侧一条不起眼的小路进，泥泞且崎岖不平，一路风景却是幽深清净。辗转到寺前豁然开朗，四株老银杏高矗在偌大的空地上，其后古寺静卧一隅。房舍修复了部分，后殿依旧坍塌状，新建的一座二层佛殿立于寺后。

大概因为访客稀少，看到我们，师傅迎上来很是开怀。这才知道是开度师傅，禅院是他从 2011 年起逐步恢复的。

师傅是位细致的人，玉泉禅院不多的资料他收集得很完整，还对山里的祖师塔林进行整理修复，散落的石构件也集中放置在寺里的墙边。

禅院的修复得到了隆昌寺的支持，也通了电，但其他的条件还很艰苦。师傅在他的小屋里，打开电脑给我们看他收集的资料照片。小屋在寺之一角，只有五六平方，一床一桌。床上尚温，师傅一笑：刚打坐完毕，出来就看见你们了。又引我们在寺里转转，四处指点，这里要建个大殿，那里能做个法堂，还想在寺里给信众建个居士林，甚至还有安养院。

修行虽然清苦，开度师傅却没有磨掉志向，值得尊敬。我们只说了一句：如何建，都好，都好，只不要影响了老寺的部分。

定水庵

庵在龙潭镇黄龙山下解放街与湾河西街交接处，乃宝华山隆昌寺下院；在龙潭码头边，是隆昌寺接运货物迎送僧侣的中转站。所谓的遗迹就是一块定水石了，据说长江水涨到此处便被定住不再上涨。沿解放街南行距定水石 200 米处有双眼古井，据说也是定水庵的旧物。

历史上龙潭镇的庙庵众多，号称“九庵十八庙”，除了定水庵，可查的还有武圣庵、大士阁、三官庙、娘娘庙等，今皆不存。

宋井寺

寺已无存，留双眼古井一口，在栖霞区东阳古镇老街上。

此镇另有宝公井湮没于道路之下，乃为纪念出生于东阳镇的南朝高僧宝志公，宋人曾集有《宝公井》诗作。

石佛庵

庵在汤山桦墅村南的射乌山下，原属江宁区，区划调整后归栖霞区。现可见石窟 12 个，每龛一像。

朱偰《金陵古迹名胜影集》载：“石佛庵在汤山之北二十里，古为拈花禅院，有石佛洞，就山琢成佛像数十，略如千佛岩，有碑二，一为永乐（1403—1424 年），一为天启六年（1626 年）。”可知石佛庵的石窟佛像达数十尊之多，且为明代造像的藏传密宗千佛组合，也是南京地区不多见的一处藏传密宗佛教石窟。

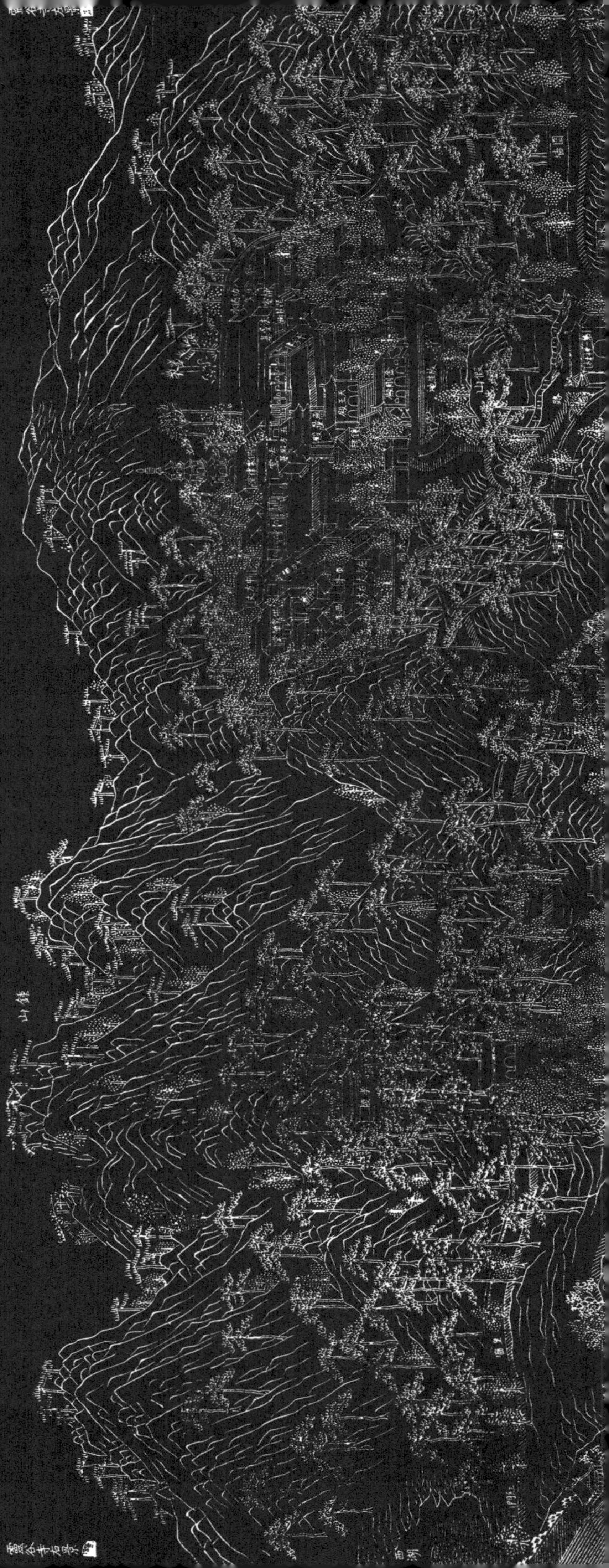

名山古刹之

两山経照

两座山、一條子午綫、三座定林寺，從鍾山到方山。

灵谷寺（开善寺、宝公禅院、太平兴国寺、蒋山寺）——万福寺——头陀寺（白云寺）——[钟山]定林寺——观音阁（大石壁）——大仙寺（大仙庙）——[方山]定林寺（定林寺塔）——海慧寺、灵岩寺、东霞寺、宝积庵

靈谷寺（開善寺、寶公禪院、太平興國寺、蔣山寺）

寺在紫金山东南麓，始于南朝梁，名开善寺。唐时称宝公禅院，北宋改为太平兴国寺。明初名蒋山寺。移址新建后赐额灵谷禅寺，时为南京三大名刹之一。太平天国时毁于战火，仅剩无量殿（俗称无梁殿）。1928 年建北伐阵亡将士公墓，寺迁移至龙神殿，1981 年 5 月恢复。

携紫金山风景之幽，灵谷寺在金陵寺院中位列三甲。

万福寺

从钟山风景名胜区内的藏经楼西侧登山步道上行，看到永慕庐，万福寺遗址就不远了。这一段登山石阶上有一些残破的石构件，是否寺院遗留，不得而知。寺毁于抗日战火，除断壁残垣外还有四座舍利塔，分别是万福寺始祖端如方公、十三世宝霞熙公、十四世海谷基公、十五世让之然公。除始祖塔为清嘉庆二十四年（1819 年）所立，其余三塔均立于清末民初，让之然公的善僧塔最为完整精美。

由此推测，万福寺应为清中期创立，而清末至民国时则可能是其发展的最好时期。中山先生奉安时，永慕庐建在寺东，万福寺还用作奉安纪念馆也算是个证明。今寺已湮没，从残存的石墙看，其规模不算大。文献记载，万福寺的特殊之处，是供有东吴大帝孙权的吴帝殿。

万福寺存在的时间算不上长，“雕栏玉砌应犹在，只是朱颜改。”李煜的词话在这里就更令人感慨了。

頭陀寺（白雲寺）

距万福寺不远的山顶就是钟山的第二峰头陀岭，寺建在头陀岩前，在今天头陀岭山顶公园的休闲广场处。

史载蒋山头陀寺始建于南朝梁，高僧昙智居之，寺后有应潮井。寺今不复存在，公园里硬地铺装不时可见古建石构残件。广场下立了滴水观音像，有心人在菩萨前立了香案，还细心地做了不锈钢的支架遮挡风雨。

恰逢进香老人，闲聊得知寺原与永慕庐万福寺一家，名白云寺，解放后还有老僧在此修行；并指点不远处古寺遗存的白云井泉所在。

至白云泉，曾是公园茶社，取井水泡茶，如今闲置，仍有登山者取水饮用。古井在花架下，旁边遗石柱础一，井圈绳印深邃，刻“东海益井”四字。不由想起头陀寺应潮井的记载，二者渊源就在这井上了。

离开时在公园售票亭前见一舍利塔构件，上书：传临济正宗第四十一世杏林堂上济南然禅师之塔。由碑文可知禅师清道光时圆寂，塔乃民国重立，与万福寺塔林的历史颇为贴合，老人所言看来不虚。

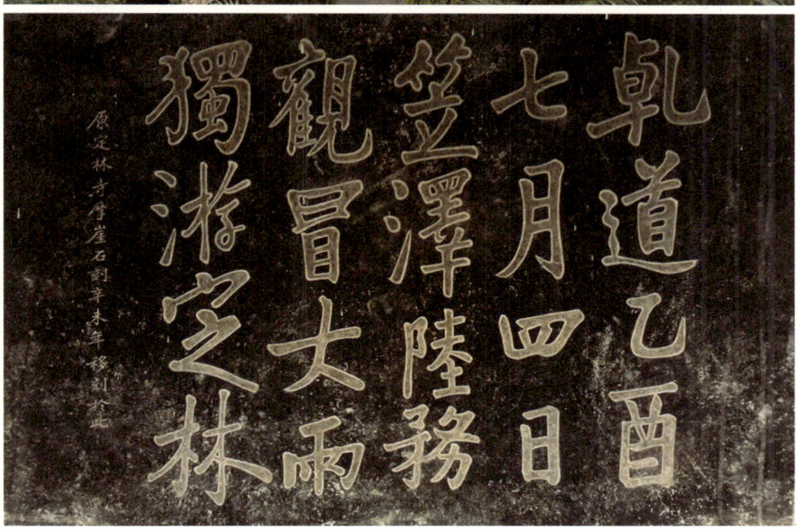

[鍾山] 定林寺

寺之扬名，源于刘勰。其人曾在寺里居住了二十多年，并完成了巨著《文心雕龙》。寺建于南朝，彼时钟山有两座定林寺，名曰“上定林”和“下定林”，刘勰是在上寺还是下寺完成的《文心雕龙》已不可考。

南宋以后，下定林寺即逐渐荒废，1975 年考古工作者发现了南宋陆游的下定林寺题刻，下寺所在遂得确认，在今紫霞湖。

上定林寺毁废的具体时间地点史无明文，南宋乾道间（1165—1173 年）高僧善鉴移寺额于江宁方山重建定林寺，反证了钟山上定林寺的湮没时间要早于南宋。1999 年考古工作者在明孝陵宝顶独龙阜北侧发现建筑遗址，经挖掘发现有七层平台，寺址与规模均与历史记载吻合，遂确认上定林寺遗址。今从明孝陵往紫霞湖，石径一侧建定林山庄，陆游的下定林寺题刻亦移刻于此。

観音阁（大石壁）

2002 年宁杭公路拓宽拆迁，石壁重见天日，因被砌于一户人家墙中，得以保存完好，据说是永乐帝朱棣纪念生母敕建的观音阁遗物。《金陵梵刹志》载：“太宗皇帝尝顾瞻山麓有气不散，命工琢石，肖形构阁，以记其处。……中石壁，光莹如镜。”所说的石壁就是这个了。

大石壁以整块石料雕作而成，工极细腻，用料与形制也十分罕见。石壁背光的雕刻繁复精致，有火焰纹、八吉祥纹和缠草纹等八道纹饰。下为须弥座，背面则刻“水晶屏”三字题额。石壁安置在下马坊公园里，建阁保护，倒也适得其所。只是看石壁形制，恐为梵式造像，且当嵌于柱间，现在则是悬于新阁中间，尺寸不合，新立的观音像和石壁雕工风格也差距较大，遗憾。

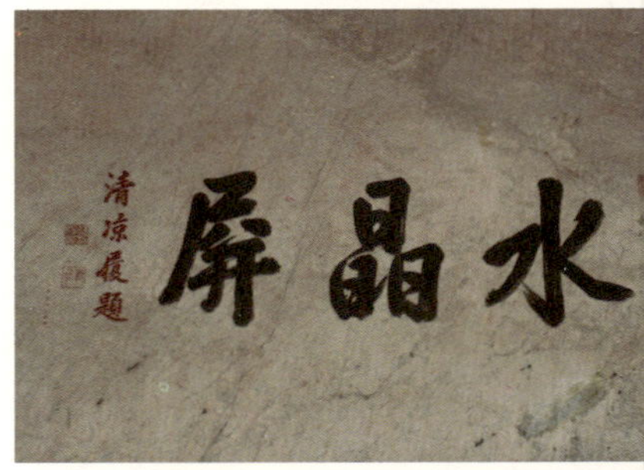

大仙寺（大仙庙）

寺所在的大石山在当地小有名气，明时即有大仙庙，庙虽衰败，大仙之名还是让很多乡里前来祈福许愿。因管理需要，2007 年改庙为寺，这才有了一片新气象的大仙寺。

这座小寺修得中规中矩，尺度得当。入寺后拾级而上，第二进的大雄宝殿供三世佛，第三进则是道家殿宇，牌额题“威灵显赫”，供黄张王三位大仙。一侧有五观堂和附房一所，水池锦鲤，小有景观。依山势，客堂、财神殿、僧房等一应俱全，有僧人进驻后，少了些世俗，多了点清净。

山门题联“理玄各探科技园中藏佛寺，释道兼容如来殿后供神仙”标榜追寻的和谐与包容，算得上是与时俱进了。

[方山] 定林寺（定林寺塔）

历史上的定林寺分为“上定林”和“下定林”，南朝宋元嘉间（424—453年）始建，均在钟山南麓，相隔数里。方山定林寺则是始建于南宋乾道九年(1173年),该时钟山的上定林寺殿堂倾废,高僧善鉴请“定林寺”匾额至方山，在北麓筑寺于山半，承袭定林佛缘。不知是巧合还是当初建造者有意为之，从今天的地图上看，方山定林寺竟然和钟山定林寺处在一条子午经线上,且一为坐北朝南,另一坐南朝北,面面相对，两山就此结缘。

方山定林寺在历史上屡经兴废，陆续受损。到1960年代，饱经沧桑之后只余一座定林寺塔，塔是宋塔，七级八面仿木结构楼阁式砖塔，外方内圆，风格独具。

现在见到的恢宏景象，是2004年才开始建设的，仿宋的风格，规模和建筑单体算得上“高大上”，但并不让人生厌，工程至今还在进行。惜不再有隐于林壑的山林幽趣，王安石“定林青木老参天，横贯东南一道泉。六月杖藜浔石路，午阴多处弄潺湲”的诗意已是无处寻觅了。只是委屈了最古老的定林寺塔，十几米的塔身和寺院几十米高的佛殿相比，的确是委身一隅，斜身相让。

海慧寺、靈岩寺、東霞寺、寶積庵

除了定林寺，方山还有海慧寺、灵岩寺、东霞寺、宝积庵等诸多佛寺。

海慧寺在山顶石龙池，朱偰《金陵古迹图考》说寺是民国新建，如今石龙池还可以看到，寺就不知道在哪里了。

灵岩寺、东霞寺均是定林寺下院，也是无甚存留，只在大约的地点立石为记。宝积庵，朱偰说是宋代所建，庵后有高僧塔，今亦不见。

如今的定林寺虽然香火旺盛、梵宇重辉，却扛起了方山旅游的大旗，已非昔日宗教圣境之观。明人诗云：“天印山高四望遥，振衣同上兴飘萧。深岩茇草秋仍茂，绝顶清池旱不消。散睇青峦围锦甸，举头苍霭接丹霄。洞中却爱栖真者，不信人间有市朝。”沧海桑田，逝者逝矣！

名山古刹之

牛首禪煙

南京的佛教文化，牛首山當為其首。招提印古，象窣亦幽，牛首獻花之間都無俗處。

吉山寺——幽栖寺——宏觉禅寺、海岳寺、花岩寺——佛顶寺——牛头禅寺——弘觉寺（弘觉寺塔、舍身崖）——龙泉禅寺（通善寺）——静明寺——上国安寺（上官寺）

吉山寺

寺在吉山南麓，史载为祖堂山幽栖寺下院。因建设华东铁路战备调度中心，拆寺，现调度中心也已废弃。

山门前放生池保持原样，青石台阶应是遗物。入得院内，古寺格局依稀可辨，三株老银杏一人不能合围。院周修篁密茂，寂无人语，其间有小径通向后山。

幽栖寺

寺在祖堂山社会福利院芙蓉轩。芙蓉轩是福利院新建的的一处老人护养院，几幢二三层的小楼用回廊相联形成院落。寺遗留的月牙池、银锭桥及桥亭被整修后成了院里的风景，大石阶也被用作芙蓉轩到长庚轩的步道。上大石阶向东是祖师洞，与宏觉禅寺的禅堂隔墙相依。

祖堂山原名幽栖山，寺以山为名，南朝宋以来绵延不绝。唐时法融禅师在山北崖洞中修行，创立禅宗牛头宗，寺为牛头宗发祥地，故称南宗祖堂，山、寺亦皆更名为祖堂。明以后鼎盛时有僧宇四百余间，殿堂轩敞，堪称巨刹。如今不复当年，站在芙蓉轩门前石坊下，对面的吉山是幽栖寺的照山，想象当年这厢占地二百四十亩的寺院在竹海松涛下的风景，金陵四十八景中的“祖堂振锡”依稀如是。

宏觉禅寺、海嶽寺、花岩寺

寺在祖堂山之阳，南唐二陵之东。1993年在幽栖寺古拜经台的遗址上开始重建，二十余年间不曾间断。寺未用幽栖或祖堂之名，名曰宏觉，源自牛首山佛窟寺；佛窟寺后称弘觉寺，今牛首山东峰下弘觉寺塔依然屹立，至清乾隆间（1736—1795年）避皇帝名讳改为宏觉寺。其实二寺本有渊源：牛头宗祖师法融禅师在幽栖寺修行期间，与佛窟寺交厚，经常到寺内翻阅经藏，抄阅精研经藏八年，在幽栖寺闭门研究创立牛头宗，宗法也以牛头山得名。如今二寺皆为遗址，宏觉禅寺建于幽栖寺址，名取佛窟寺之后，实有宗风传续之功，做祖师道场名至实归。

如今的宏觉禅寺，占地达到五百亩，佛殿僧房的建筑面积超过四万平方米，据说在华东地区也是数一数二的。在山下观看，沿山腰一字排开，殿宇错落，梵塔林立，蔚为壮观。寺里布局略显自由，各殿自成院落，并没有传统的轴线串联，看得出是由僧人募化、建设到再募化、再建设逐步形成的局面。阎王殿、药王殿、普贤殿、

地藏殿、古拜经台、观音殿、八百罗汉堂、天王殿、大雄宝殿、祖师殿林林总总数十之数，走一圈下来至少要二三个小时。

寺的南山门外是海岳寺，仅大殿一座，寺门常闭。问山门前信众，告之为宏觉禅寺念佛堂居士善信学习仪规的教学场所。

出南山门沿山路转至山北之巅，有献花岩花岩寺，是法融祖师居住之地。传法融祖师讲《法华经》，大雪纷飞，白雪中忽然绽放奇花两朵，并有百鸟翔集，衔花而献，因名献花岩。花岩寺建在献花岩之上，寺前北望牛首山，新建的佛顶塔、佛顶宫初露真容，和弘觉寺塔交相辉映，颇有“浮图金碧宛若画障”的意境。花岩寺如今也是宏觉禅寺所属，隐于山阴，游客罕至，相对静谧，是寺里接引道场所在。

离开时恰逢午膳，偌大的斋堂里僧众鱼贯而入、正襟危坐，人数满满又静穆安详，有大丛林仪范。

昔日牛首、祖堂，名为两山，实则一体，文人骚客、香客信众多将两地同时寻访。牛首山为南京城照山，佛法昌盛已逾千年，牛头法融的宗风至今不衰。宏觉寺即执祖师道场之名，奉典《妙法莲华经》，诸多林立的佛殿正合经义的佛现各种化身，以种种方便说微妙法。当初重建寺院的宏成法师，承法融祖师宗风，正是弘法与躬行并重的大师，难怪其信众多达百万。寺里佛殿众多，各殿除具名牌额外却少见楹联题匾，或许这也是建寺者有意为之，诚如祖师《心铭》开篇曰：“心性不生，何须知见。本无一法，谁论熏炼？”如是，真称得上清净了义，究竟圆满，微妙无上！

佛顶寺

寺在牛首山东麓、舍身崖东北，尚在建设中。

寺为山上佛顶宫的护持道场，自山顶远观，中轴三进二院伴有偏院，循伽蓝七堂之制，仿古构建，规模不小。

牛頭禪寺

牛首山弘觉寺塔修复以后，建塔院为寺，请了僧人护持，寺取牛头禅宗法之名，并在塔前立了牛头宗祖师法融禅师像。

如今牛首山大搞建设，禅寺除了古塔和雕像其余全部拆了重建，工程尚未完成，已大致能看出回廊相联的塔院格局，建筑品质提高了许多。至于重建后是否仍为牛头禅寺，还是与山下新建的佛顶寺合而为一就不得而知了。然，塔院既曾为寺，仍笔录记之。

弘觉寺（弘觉寺塔、舍身崖）

明人盛时泰《牛首山志》载：“山在城南三十里，周回四十七里，高一百四十丈。一名天阙，又名仙窟。远瞻则千株联隰，近睇则双角昂霄。盖自王丞相指以示人，融禅师坐而进道，遂绍法双峰，标雄江表矣。”牛首山之名，南朝即盛，到法融创立牛头宗，牛首山已是“标雄江表矣”。

自南朝始，千百年来牛首山佛法传续，一直是金陵盛景，佛家圣地，弘觉寺为其代表。明时，弘觉和栖霞、鸡鸣、静海、能仁共为金陵次大刹，也是赫赫有名的大寺。近代，寺先毁于战火，后殇于挖矿，双阙双塔毁去一半，虽然南京人还有“春游牛首、秋到栖霞”的习惯，这时的牛首山已不能和栖霞山相提并论了。

毕竟昔日之盛，寺虽不存，但留存的遗迹不少，如弘觉寺塔及摩崖石刻已是江苏省文物保护单位，是南京为数不多的明代古寺遗存，在诸多佛寺遗存中还是出类拔萃的。大报恩寺佛顶舍利问世后，牛首山再沐佛光。建佛顶宫迎舍利安放，将牛首山作为文化旅游区整体开发，自 2012 年冬天开始，整个牛首山封闭施工已经二年多了，弘觉寺留存下的那些遗迹是否安好？

除了弘觉寺塔，舍身崖（又名兜率岩）附近是遗迹较为集中的地方。春天的午后，在这个慵懒的时间里走野路进山，穿过在建的佛顶宫，从记忆中弘觉寺塔后的小路寻找摩崖石刻。新草掩盖的小路时隐时现，不时可见垒石的房基，散落的瓦砾。转至舍身崖下，大堆瓦砾堆积却不见摩崖。抬头见上方亦有小路，拨草上行，逐步见到已残损的青石、灰砖路面。

上到一处平台，百十见方的地面可见三开间佛殿基址，柱础和铺地基本完整。殿左有附房基，殿后崖壁上镶碑的凿痕清晰可见，岩下残碑半块，仔细辨认可见“天启”及“崇祯十年四月”的字迹，看上去像崇祯年（1628—1644 年）记载天启年（1621—1627 年）某事的记事碑。殿右凿石为阶，条石护壁，上有高台十方。台后岩壁佛龛可见，上置石刻莲台，龛门石墙尚在。高台上可眺祖堂山花岩寺，下能望新建的佛顶寺，风物绝佳。手边恰好携了盛时泰的《牛首山志》，翻阅上卷记载：“兜率岩，一名舍身台，在东峰之阳。……台下有殿，殿傍僧寮一，题为凭虚阁，而视无蔽。”知为凭虚阁遗址，阁旁高台后从《金陵梵刹志》中知是观音岩。

从凭虚阁下，继续寻找摩崖石刻，见弘觉寺塔院东有修好的山路往下，方位正对舍身崖，猜想可能是去摩崖石刻的游览步道。顺步道下行果然在转角处见到摩崖石刻。石刻与二十年前无异，只主龛坐像贴了金，龛下原来空空的佛龛里安放了一尊坐像，细看像古物，但尺寸不合，恐非原物。主龛左右两龛刻千佛、天王和供养人造像，分层布局，上为坐像，下为立像，应该是天王护持下千佛静修的场景，右下还有小龛刻大肚弥勒，像已毁损，用水泥补了肚子和头部。

四下寂静无人，再翻《牛首山志》：“地涌泉，一名感应，在兜率岩下数百步。……壁上有地涌泉三大字，傍多梵书。……燕僧有赋感应泉诗刻壁上，今已剥落。”眼前的感应泉诗刻、梵文与感应泉井与书中无二，石刻佛龛却无只字片语。细看佛龛，主龛右侧两处佛龛的上龛顶部有墨书“明嘉靖乙丑东”字样。《牛首山志》成书也是嘉靖年间，何故？专业考古认为弘觉寺摩崖是明代开凿无疑，时间在成化（1465—1487 年）到嘉靖（1522—1566 年）间，《牛首山志》成书时间是“嘉靖甲寅乙卯间”，再看《牛首山志》：“……燕僧有赋感应泉诗刻壁上，今已剥落。泉傍有僧庐，其地在山中为最胜。盖以坐墀中则仰睇岩峰，出户外则俯瓴泉水故也。”猜想佛龛可能原在僧庐之中，盛时泰到的时候佛龛仍在开凿，以其人喜爱自然风物的态度没有记录就不奇怪了。

去摩崖石刻的步道旁还有一处清理出来的建筑基址，长方形的大殿面朝祖堂山，一侧还有条石高台，不知何处？

1990 年代游览牛首山时，摩崖石刻不为人知，去往是土路野径，所以这次习惯性地走了小路，却意外收获了凭虚阁。新修的游览步道使摩崖石刻更便于寻找，庆幸的是，这些遗迹并没有在建设中破坏，看样子也没有改造整治的意思。如此，牛首山仍可怀古！

龍泉禪寺（通善寺）

明大学士杨溥《通善寺碑文》将龙泉禅寺的山水形胜描述得非常清楚：“南京都城西南二十里，旧有佛刹，曰龙泉禅寺。……山之巅有泉，清甘香冽，下注山麓，汇而为池。渟滢澄澈，天光云影。裴徊往来，足以豁大观，涤世虑，而曹溪、竹林不是过也。”这座禅寺一直以江山环抱、清泉流注而知名。

寺始建于唐，明重建，英宗帝赐额通善寺，清时重修并改回原名，沿用至今。不仅时间，香火传承亦为久远，祖师鹤林玄素禅师是牛头法融的衣钵直系。寺里有传为禅师手植的梅花、与岳飞抗金故事有关的断臂崖，以及清代开凿的观音古洞，丰富的历史遗存，十足的佛家底蕴，当得起古寺之名。

从高家库村到寺前的将军山断臂崖峡谷，一路田园风景。自 1980 年代末，就常结伴来此游观，当时的禅寺仅剩硬山佛殿三间，菩萨佛像均不存，但寺前观音古洞犹存和国民党元老邹鲁题额的龙泉依旧淙淙，山涧流淌亦更显清幽。至 1990 年代中期，禅寺开始得到陆续修建。拆除了原来的佛殿，新建者取唐风，看着觉得尺度偏大，与一旁山涧不成比例，不甚喜欢，也就渐渐地来得少了。

所幸今日访寺仍需经高家库村进，风光未变，稍事整理的栈道亭台颇有几分野趣，只是保养不佳有些残损。入寺前的峡谷是亮点，山门设亭，转折接引处亦设亭，新铺的石板路沿溪流而上，在山窝里立了鹤林玄素禅师的祖师塔，直到寺前百米才见一抹黄墙，确有探幽之胜。

山门前辟一场地，立梵式万福塔，院墙左右题无相门、空门。《大智度论》说，入涅槃城有三门：空门、无相门、无作门。山门亦三门，寺小，只一门，如此设计是说三解脱门随宜而入？一个寺门就有“无作无相入空门”的佛理，匠人思量令人折服。

大殿两侧的厢房也建了起来，架在山涧上，潺潺水流自下穿过，围墙拉起，自成院落。观音古洞依旧，邹鲁题额的龙泉已非原貌，老佛殿的石刻龙泉禅寺题额镶在了寺墙上，改建后的龙泉靠在一侧。毕竟山谷狭窄，小寺的空间在腾挪中还算合理，只寺后的露天观音实在是逼仄多余。

静明寺

寺在将军山、韩府山之间的山谷里，绕过尖山，过静明寺纪念林，路尽头二站山庄院内。乃明太监罗智所建，罗智墓也在寺里。

据《金陵梵刹志》载，静明寺是牛首山弘觉寺所领小刹，有玉华泉出石壁下，但在院子里遍寻泉水不获。明人沈越《游静明寺》诗云："……夜静梵音岩壑满，月明清梦石床凉。此心顿有皈依处，回首诸天别思长。"如今寺虽不存，闭门谢客的山庄小院里幽邃恍然。

漫步院内，半圆形水塘似有放生池的影子，塘畔小亭前两座石狮恐是寺之遗物。塘对面的平房前有两株老银杏，塘东存古井一口。院子外面，罗智墓的石龟趺斜倚草丛，倔强地守护着静绝的静明寺山谷。

上國安寺（上官寺）

寺在江宁区陶吴镇与朱门镇中间，临近甘泉湖，始建于唐初，为牛头禅开山祖师法融驻锡的寺院，最兴盛时当在明末清初。据载，清时寺有僧房百余间，庙产田地二十余亩。后几经战乱，古刹尽毁，仅存古井一口，银杏一株。1983 年被江宁县列为文物保护单位，2002 年开始重建，目前已建成山门、天王殿、大悲殿和大雄宝殿，寺西南梅子冲山麓建佛塔一座，尚未完工。

从陶吴方向沿 337 省道转红星大道直行，依山而建的殿宇层叠即凸现眼前。三进大殿颇有古风，松柏涛中玉宇梵阿。寺前开阔地修了停车场，有大寺风范，显然，重建的定位颇高。

入山门而上，明显感觉到建设处于中断状态，大殿虽然完成，但台基处理、侧厢工程均未收工。未粉刷的墙体、已经陈旧破损的窗扇，秋风中摇摇欲坠有些飘零。只老银杏还是茂盛健壮，其庇护下的僧舍还是旧房，其前树根制作的茶凳有日子不用了，早没了光泽。寺周围墙圈的范围不小，反倒把佛殿衬得小了，远处佛塔的通道也被锁了起来。其实，何必围墙？何须上锁？法融禅师《答用心时》偈云：“恰恰用心时，

恰恰无心用。曲谭名相劳，直说无繁重。无心恰恰用，用心恰恰无。今说无心处，不与有心殊。”说的不正是眼前的现在吗？

公允来看，上国安寺建筑塑像还算上乘，只萧条之气让人惋惜。在寺里转了一圈没有见到僧人，倒是对山门和几个大殿的牌匾题额印象深刻，字体古拙，其意深远。

建康府
江寧縣
主簿廳
秦淮河
秦淮河
上元縣界
白鷺洲
毛公渡
釣魚臺
牢山
楊林洲
沙洲鄉
光宅鄉
新林市
惠化鄉
板橋市
落星山
三城湖
馬家渡
處真鄉
銅井市
牧牛亭
太平州界
溧水縣界
銅山鄉
建業鄉
石塘山
查塘
朱門南
朱門北
牛首山
祖堂山
金陵鎮
長泰南
長泰北
橫山南
橫山北
棲隱寺
開元鄉
孟塘
大山
安德鄉
葛塘
白塘
烏衣園
天禧寺
烏衣巷
鳳臺西
新亭鄉
義井
黃家塘
菜園務
程二渡
古城渡
鳳臺東
上元縣界
永豐鄉
秣陵市
烏折橋
郭村
郭家橋
葛仙鄉
杜橋市
馴翬鄉
馬墓橋
萬善鄉
殷巷
河亭橋
隨車鄉

江甯如是之

藏龍大福

名山古剎之外，江甯的佛寺竟隻有南北分峙的天寶藏龍、大福觀音二寺，散落鄉野的諸多遺跡卻也巧合地聚在這一南一北的周圍。

藏龙寺（插花庙）——清凉庵——龙泉寺——天宁寺——云居寺——祈泽寺——昌福寺——广严寺——普光寺——朝阳庵——天堂寺（禅居寺）——中山庵——观音寺（观音堂）

藏龍寺（插花廟）

寺在江宁区上峰镇插花村后的天宝山下，前身是插花庙，现有建筑为2000年开始建设的。

寺里的碑刻画廊道出藏龙寺的典故：东汉皇帝刘秀被王莽追杀，至天宝山下向一村姑求救，村姑让刘秀钻到桥洞下藏身，追兵赶至查问刘秀行踪，村姑指远方误导追兵，救下刘秀性命。刘秀当皇帝后，寻村姑报恩，遍寻不着。因为记得村姑头上插着一朵小黄花，于是敕封这个村庄叫插花村，封村姑为插花娘娘，在藏身的小桥边修建插花娘娘庙纪念她。那个当年藏身的小桥被赐名为藏龙桥。插花庙因历史原因年代久远已毁，建新寺取藏龙桥之名为藏龙寺。

寺周边三山环绕、松风竹海，是个礼佛的好地方，诚如寺内千佛塔院的对联：“抬首仰观天宝山却有龙腾之势，提步跨进藏龙寺即闻清静妙法。”寺本身也确实修得好，十余年的建设，一直保持了整体上的张弛有道，庄严清静，虽说早期的建筑略显粗陋，但院落层叠，颇有风骨，再引寺内普门对联证之：“莫计较此山高低唯独这里气清宜人，勿比喻寺座大小只为道风庄严清静。”

山门殿有别于其他寺庙，除了正中的金刚殿，其两侧又各修了一座小殿，供奉“天父”“地母”，两旁写道：“天也，宇宙太空之广，包容万象。父也，顺天意，支撑世界，主责人事，抚子养女。故敬父为天，尊称菩萨而至亲至孝也。地也，浩大宽容之量，孕育万物。母也，合地情，宽容世界，和谐家园，孕子育女。故孝母为地，尊称菩萨而至亲至孝也。将知恩报恩的孝亲直接供奉，用心良苦。”山门殿后设放生池，小桥虹跨而过，院内遍植松柏，修剪得宜。

从千佛塔院开始，后面的建筑一进比一进精美，看得出用心。过塔院牌楼，铁塔高耸，左右环绕碑刻画廊。廊中开普门，穿门而进为观音殿，观音像左鬓戴花纪念插花庙之始，时值冬日，暗香浮动。殿后平安、如意二门，拾阶而上就到了刚竣工的大雄宝殿，乃精华之所在。

和寺里的居士闲聊，方知此情此景皆为住持师傅妙寿法师坚守打造，不仅所有设计都亲力亲为，更倾心手书各殿对联牌匾，心下叹服。

清凉庵

庵在云居寺正东三里，青龙天宝山南麓。一株已经枯死的大白果树孤独地伫立在农家菜地里，田间劳作的老人说：大庙五十年前就拆了，五年前白果树也被雷击，枯死了。

树下，有心人搭了个简陋的香台，依然初一、十五前来进香。

龍泉寺

寺在采石场办公处，仅余银杏三株，和尚舍利残塔两座，古井一口。其址山势怀抱，茂林修竹，清流湍急。

前往遗址的土路难行，巨石横亘，采石场的运输车不时呼啸而过，空气中弥漫着粉尘的味道，不禁心里一揪。

天甯寺

寺在上坊黄龙山西，蛇塘上堰东部山坳，现江宁区化工厂炸药仓库围墙后。始建于宋，明重建复毁，民国时再修，“文革”时再毁，汤山林场将天宁寺拆改为林场工房，今仅余僧舍数椽，内有乡民供奉的佛像。

寺之所在山林幽迥，野泉散落，人迹难至。还遗有水井一口，及清光绪二十四年（1898 年）三月所立的第四十九世守性公老和尚墓碑一座，碑文字迹清楚；其西北约八米处有龟趺一座，雕刻亦好。

雲居寺

寺乃南朝古刹，原在钟山，明移旧额于江宁淳化青龙山并重建，现在南京华宁阀门有限公司内。存前后两进大殿，前殿屋脊有六字真言，具藏传佛教风格；后殿地势略高，条石台基，八级石阶，佛像不存。

所述甚略，图片亦取自网络，皆因费尽口舌依然不得入。

祈澤寺

寺在祈泽山西侧，初名“宋少”，北宋治平间（1064—1067 年）改为“祈泽治平”，明嘉靖十二年（1533 年）修葺为祈祷雨泽之所，仍名祈泽寺。清咸丰间（1851—1861 年）寺毁于兵燹，1949 年后用作粮库。现仅残存几间光绪时（1875—1908 年）的旧房和已经干涸的“祈泽龙池”。

寻访颇费周章，天宝水泥厂已停产，厂区部分租给了运输公司、河南收旧户，经数人指点才找到。祈泽池已被围墙四面围护，只留一座小门但常年紧闭。从收旧人手中借来梯子，爬上围墙才看了看，拍照间已围来几只野狗拼命吼叫，两腿发软，速速离开。

昌福寺

寺在湖熟镇西北的农田里，远远的就看到一株巨大的老银杏，院里有残碑诉说着百年沧桑。村民说解放后房屋都做了学校和大队部。

三年前，祖堂山宏觉寺的开田师傅带着护法开始了重建。

廣嚴寺

寺在周岗初级中学旁的广严寺村里，村以寺名，可想当初盛名。询问村里老人，颇为熟稔寺的前世今生：九十九间半，与张家祠堂为伴，有三百年桂花树，四面环水，桥通八门，“文革”时全拆……并将我们带至遗址所在的一处民居院墙，墙下压着黑色火山岩石井圈，井圈上的压石破去一角，可以看到漆黑幽深的古井，老人从家里拿出手电，指点我们看井圈上深深的绳印。对面民居门前的石柱础随意放置，柱径不小。

村子整洁清爽，村外田里的油菜花已经开放，老人说：“我们这里原来可比杨柳村漂亮多了，可惜啊！”

普光寺

寺在陆郎的花塘村北的一块台地上，曾用作粮库，现已无存，仅余白果树两株。

江宁区打造美丽江宁，魅力农村，把花塘村建设得很漂亮。现代红学研究则把花塘村演绎为曹家大观园，并考证如是：清雍正四年（1726 年）冬季，曹頫将江宁县的六郎乡花塘街的普光寺改为花塘观，李绮任花塘观住持。该年和次年，曹雪芹皆到花塘与李绮相聚。

朝陽庵

庵在陆郎花塘大庄村的山里，距普光寺不过十里，入山是乡村土路，路周草茂竹密。遗址现用作护林山房，前几年在这里发现《鼎建山门碑记》，记载的供养人中有几位与曹雪芹家族过从甚密。

寻访时正值天降大雪，大地如同水墨，正应了贾宝玉梦游太虚幻境时，警幻仙女为他演唱的《红楼梦》十二支曲的最后一首《收尾·飞鸟各投林》：“好一似食尽鸟投林。落了片白茫茫大地真干净。”

天堂寺（禪居寺）

寺在陆郎镇东北县道206旁的禅居村，寻访时得到村民的接力指路，令人动容。寺在一片丘陵之上，现已荡然无存，地上残存的石构件也不敢确认是否遗物。

有村民在遗址上新建寺庙，名天堂寺，看到我们的到来，守庙的农妇热情地介绍起她家建庙的缘起：保佑家国，和谐邻里。

中山庵

庵在石塘村北的火地山北麓，三面环山，竹木苍郁，景色清幽，传为中山王徐达修心之所，不可考。现存为清代建筑，建国后用作林场办公用房，但格局未变。

寺后一眼山泉淙淙流淌，山风轻悠悠地吹拂着竹枝，竹叶微微地颤动着，像一张张细长的嘴巴在喃喃细语……

觀音寺（觀音堂）

寺在小丹阳七仙大福村，据观音堂扩建而成。堂始建于南宋，清时曾数次修缮，保留至今的只有一些石构件。寺已建成圆通宝殿和观音阁，较为宏大，在村口就能看到，非常醒目。

村子生态环境怡人，水系丘陵植被丰富，依山傍水的天然条件使之成为江宁区美丽乡村的试点。观音寺也是经区政府牵线，由横溪街道七仙大观园董事长张定海捐资，请了方山定林寺的心融大和尚主持修建。

官方说法是“传承古村历史风貌、挖掘文化旅游资源”，所以观音寺既为一方信众服务，又是大福村的旅游休闲景点。带了些官方色彩，又不差钱，建筑和塑像的起点颇高，只缺了些许清净的意境。倒是隐于竹林的观音堂，虽然是新构，但竹海背景下的小小院落颇有出尘入仙的感觉。

卷三 江北佛光

六合 浦口

六合梵光

崇邑清幽

浦口正覺

浦江佛影、老山雷音

南京市的江北地区，2002年区划合并后分为浦口、六合两区。分分合合之后倒和明初划江设治时应天府始辖江浦、六合二县的境域吻合，历史绕了个圈。

明洪武九年（1376年）置江浦县，按当时辖制，现在浦口区境分属应天府的江浦县、扬州府六合县。洪武二十二年（1389年）六合县自扬州府析出改属应天府。清顺治二年（1645年）改应天府为江宁府，此后，六合、江浦两县一直为江宁府所辖，而两县境域和现在的浦口、六合区境无二。太平天国时曾以江浦县为省治，设天浦省。到同治三年（1864年）江浦、六合二县复属江宁府。民国及建国后，江北地区的辖制变化纷繁，划区独治或合并他县再到隶属其他。

六合解放后先后属泰州专区和扬州专区，1975年重归南京辖制，1980年六合县分设大厂区，2002年六合县与大厂区合并为六合区。

江浦的变化更多，民国时江浦县几进几出，在直属江苏省和市辖间辗转，并将浦口改建为南京市第八区；解放后，江浦县所属的浦镇、东门镇划归南京市，与原浦口并建为南京市浦口、江浦二区，之后江浦又在扬州专区、镇江专区、南京市、六合专区辖下辗转，直到1971年才复属南京市，2002年江浦县、浦口区合并为浦口区。

虽说浦口、六合两区的辖制在近代变化辗转，但历史地看，二者从明代开始，与南京的关系基本明确并延续至今，江北地区成为南京市境域已经六百多年了。江北地区始于江浦、六合二县，本卷的佛寺寻访的路线也以浦口、六合两区展开。

六合在南京最北，地势北高南低，北部丘陵，多低山岗地，南部江滁为冲积平原，河网纵横。因水患频仍及兵家纷争，区内保存至今的古代佛寺不多，中部、北部山地佛寺多些，历史也相对悠久，如招贤、广佛；南部佛寺较少，仅长芦因达摩渡江之故屡废屡兴。现存的佛寺除遗址外，多是近二十年重修重建的，且有遗物的也基本都建了新构。佛寺多建于山地，占据山水形胜之所，但规模都不大，构建出色者也寥寥。总体上，灵岩山灵岩禅寺之格局体貌与长芦崇福禅寺大殿的壁画塑像为其中翘楚。还有一些如北广佛寺、平山保圣寺、周庄弘圣寺等，已荡然无存，未作记录。有遗物未建佛寺的，仅方山梵天禅寺和横山天宫寺两处而已。

浦口属宁、镇、扬丘陵山地的西北边缘地带，地势中部高，南北低，地表和地下水资源丰富。南部是长江古道，中部是横亘东西的老山国家森林公园，北部冲积平原与六合连接。佛寺以老山及其余脉范围内最为盛名，共有八座，其余散落在乡镇村落。总体而言，浦口的佛寺发展有序，无论大小多数有僧尼住持，庙宇建设也中规中矩，多由佛门自主，外界干预相对较少。其中，兜率寺的影响最大，前住持圆霖法师的题字常可在其他佛寺里见到。

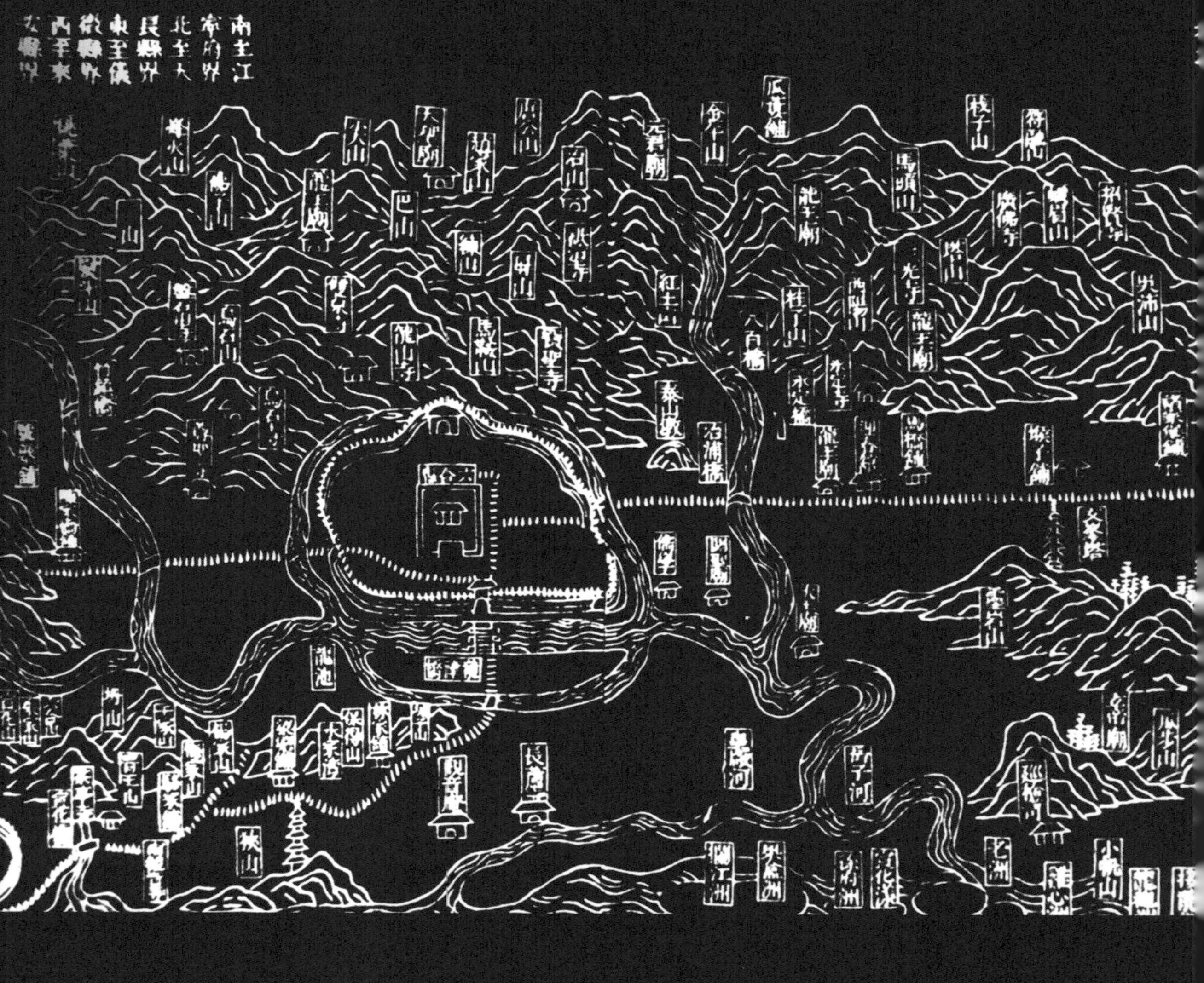
南至江寧府界
北至天長縣界
東至儀徵縣界
西至來安縣界

六合梵光之崇邑清幽

從竹鎮始，東南行轉至東北，金牛湖東，北上南下，回中部再至江邊。佛寺不多，散落平均，層次劃一，如清泉幽幽，平淡醇和。

广佛寺（龙泉寺、回龙庵）、大王庙——大悲禅寺——金光禅寺（金牛古寺）——天宫寺——招贤禅寺——弥陀禅寺——梵天禅寺（兴云寺）——太平寺（太平真圣庙）——灵岩禅寺（半山寺）——大士禅林——长芦崇福禅寺（长芦律寺、长芦寺）

廣佛寺（龍泉寺、回龍庵）、大王廟

知道广佛寺是因为六合凤凰山公园发现了该寺的铜钟。寺在大泉水库西面的一个小水库旁，寻访的过程堪称艰苦，虽然远远就看到了大殿，但车到无路，修寺时的施工道路已长满了杂草，只得弃车步行穿越荆棘。

寺只天王殿一间和二层厢房一座，看寺里功德碑的记载：寺始建于梁，明洪武（1368—1398 年）和嘉靖间（1522—1566 年）重修过，1945 年前后还有僧人，之后损毁。现在的广佛寺，是隆慈法师于 2009 年建起来的。和住在寺旁的老人交谈，知道寺的原址在更北面的山里，现在的广佛寺是建在了龙泉寺遗址的一侧，旁边水库的位置原来还有回龙庵的遗址，已淹没于水面之下。

惜寺门紧闭，隆慈法师不在。老人告诉我们，师傅在竹镇重建大王庙。再至竹镇老街，找到大王庙，仅民房三间，仍未见到师傅。但这两处已近消失的寺庙重建，已足见师傅的持守。

大悲禪寺

寺在八百桥镇西南方向新光社区东家山脚下，也是一座年代久远的古寺，可以追溯到唐咸通间（860—873 年）。从新光前往，唯一的一条道路很好找，沿着长深高速公路下的小路向里走到底就是了。小路是前年新铺的路面，方便了许多。

寺新修不久，没有围墙，勉强算三进两院，只完成了天王殿。主殿还是旧房，牌额写的是大悲庵。殿后的念佛堂则是座砖拱结构的窑洞，比较简陋。第三进的大殿供奉的却是道教的火德星君，没见到师傅，所以不知所以然。看起来大悲禅寺和六合的其他寺庙不同，诸神皆入，土地、火德皆有牌位，更像乡村里避祸求吉寄托信仰的村庙，抑或就是得到发展的村庙。

金光禅寺（金牛古寺）

寺在金牛湖畔金牛山顶，红墙金瓦，非常醒目。看寺里的介绍，这里原本是始建于明万历间（1573—1620 年）的太山行宫圣母院所在，有马氏烈女庙，远近知名。历史上规模很大，有九十九间半之多，后毁于战火。

太山行宫圣母院废后，其基址上曾建了个禅宗小寺——金牛古寺，仅一个小院，后来也废了。现在的金光禅寺建设前，有人在山顶利用金牛古寺的基址建了两间佛殿，称为金光禅寺。金牛湖开发后，佛寺自 2008 年开始大面积重建，因山顶地势平坦，目前已建成山门、天王殿、大雄宝殿、观音殿三进三院及侧厢钟鼓楼、斋堂客堂、文殊殿、普贤殿，还拟建藏经楼、万佛宝塔、上客堂等。

山顶佛寺一般多山林气，以巧取胜，有曲径通幽之妙，像金光禅寺这样把平地大寺直接搬上山顶的不多见，佛殿的大使得整个群体没了层次。爬上山顶，一边是空旷的湖面，另一边是空旷的院落，心里也就变得空落落的了。仅有的两个边门，不知哪位师傅题写了篆隶字联，让空落落里有了些许人间气息。

天宫寺

横山是古火山，有铁矿但品位不高，矿山已废，现正逐步回填恢复植被。寺在山南的缓坡上，始建于唐，1940 年代毁于兵燹，残存一口古井、两株银杏。

片片瓦砾散落在荒草之中，断残的院墙在夕阳里就那么一直地站着。

招賢禪寺

寺始建于五代十国的后汉，在八百桥镇峨嵋山谷腹地，隐于山中，环境清幽，空气清新。寺不大，主体建筑保留了清构的风貌。寺前有老银杏一株，寿有二百多年。寺周植了不少杉木、桃树、松树、栗树。

据说因为位置偏僻，就连当地人都误以为招贤禅寺是属于相邻的仪征市的，或正因此，才保存得这么好吧！

彌陀禪寺

寺在三友水库西南角，原仅遗址，后建平房四间为佛殿，念佛堂三间是2013年新建的。

“文革”时知青曾住过这里，院子里有知青植雪松一棵，树下立碑纪念。寺里的老物件除了老银杏一株，仅弥陀禅寺的石刻牌额而已，周边居民常来银杏树前祈愿。

梵天禪寺（興雲寺）

寺在六合方山，原名兴云寺，南朝四百八十寺之一，始建于南朝梁，宋时更为梵天寺。现存一五开间佛殿的遗址，看青砖规格像是民国的。当地人说，寺前原有老银杏，寿有七百年，乡人奉为神树，一直有香火。2010年前后树倒，之后佛殿也塌了，成了现在的样子。

寺之所以有名，据说因方山为炎帝神农第十一世孙姜雷的封地，黄帝委任姜雷为左相，封为六合方山侯，并以地赐姓，姜雷乃为方姓，成方姓始祖。且黄帝娶方雷之女嫘祖为正妃，方雷又是轩辕黄帝的岳父。梵天寺是方雷祖庙，后殿有雷祖殿堂，专门供奉雷祖和雷祖娘娘。

太平寺（太平真聖廟）

寺在瓜埠镇，前身是北魏太武帝拓跋焘在瓜埠山上所立佛狸祠，后改名为太平真圣庙，民间俗称太平寺，清末毁于战火。

寺重建时，迁到了瓜埠山地质公园西侧原瓜埠林场内，已建成山门、天王殿、侧厢佛堂及寺西水月观音像。

靈岩禪寺（半山寺）

灵岩“山无锐峰，岩峦层耸，四面如一”，自古有六合第一名山之誉。寺在灵岩山半山腰，又称半山寺。《六合县志》载：“唐咸通（860—873年）中，神建禅师受法于四祖，有逢岩即止之语，遂建道场于此岩下，为法义禅院。”寺迄今已有一千一百多年的历史，又曾尊为皇家寺庙，在六合影响较大，抗战时期尽毁于炮火。

现有建筑乃自2003年起建设，至2008年方显规模。建筑虽为混凝土仿古，但尺度体量均把握较好，寺周古木参天，听风过处涛声万壑，纵目远眺势成高远。佛殿内造像也很精美。观音阁的三面观音塑像，堪称江北最大。就目前而言，该寺执六合佛寺之牛耳。

大士禅林

寺在雄州渡口村，是 1999 年重修的。其历史不算悠久，《六合县志》载：清乾隆四十六年（1781 年）由灵慧法师募建，经四年成。但寺里的重建碑说，寺在乾隆年之前已有，只不知何时为始。

据说寺庙原来濒临滁河，三面环水，因环境优美，且道路直通县城，交通便捷，香火一直很好。现在要说准确的地址应该是六合区白果路龙池路东侧，占地十余亩的小寺倚在滁河岸边，与周边已全是新建的高层住宅小区相衬显得有点孤独。

山门南开，进去后仅两进佛殿，前面天王殿的四大天王刚刚登座，还未上彩，侧厢房也是近两年才建起来的。民间的寺庙和官方投资的区别是十分明显的，善款充裕则寺建得大、建制全，反之则有多少钱办多少事。

大士禅林的建筑多显民间工法，乡土气息显著，好在并不简陋。大雄宝殿歇山重檐，建得颇高，大概是工匠和师傅自行设计，体量和形制显得并不专业；但殿内的彩绘和塑像颇为可观，尤其是五百罗汉，与殿内粉艳的苏式彩绘一起侍奉着主尊释迦佛祖，描绘了一幅张力十足的人间佛教画卷。

長蘆崇福禪寺（長蘆律寺、長蘆寺）

寺始建于南朝梁武帝（502—549 年）时候，是南朝四百八十寺中颇为著名者，也是六合境内最古老的寺院了。汉传佛教禅宗初祖达摩曾在长芦留驻，“一苇渡江”登陆之地就在长芦寺。

《六合县志》上有“达摩遗弃佛牙一对，履一只”的记载，故长芦寺也有佛教禅宗发源地之谓。北宋真宗（998—1022 年）时因寺门濒江，为大水冲毁，当时垂帘听政的刘皇后（章献皇后）助建山门，改长芦崇福禅寺为敕建长芦律寺，至北宋后期，长芦寺已成为最负盛名的皇家寺院，《三朝北盟会编》载：“院有重廊层阁，金碧相辉映，凡二千余间，禅刹之盛，为江淮间第一。”惜毁于宋金战争，后世曾多次修造，由于水患，屡废屡兴。最近的一次是 1954 年，后彻底毁于洪水。遗址上现存两株老银杏和后来发掘出的几口宋井，五间大殿和东西客堂是 1983 年建的三幢平房。1989 年长芦中学（今长芦化工技校）搞建设时，挖出了几十块石柱础，每块柱础的边长都达到一米五，可见当时规模之大。时至今日，长芦寺的三间大殿，也成了长芦化工技校的校史馆。

寺的新址在六合太子山公园里，恢复为初建时的名字长芦崇福禅寺；公园南门里的大雄宝殿已经完成主体工程，仿唐风，建制巨大，重檐歇山，面阔五间，巨大的蟠龙石柱立在莲花柱础上，好像要显示新构的不凡。建筑本身因为施工的原因，有些赶制的痕迹，细节上比较粗糙，想必有些特殊的原因。

殿里正在塑立佛像罗汉，仪态丰满，神情逼真。不经意中让人惊艳了一把，这是我们在南京目前为止看到的最好的塑像了。和劳作的师傅聊了几句，竟然是山西来的，说塑像是仿双林寺的，难怪看着这么眼熟。殿里的壁画也很精美，师傅告诉我们是中央美院的人画的，他们只是做旧。壁画仿敦煌，用的是吴道子八十七神仙卷的笔法，做旧后和塑像交相辉映，大殿的品质一下子就上去了，只这些已足使长芦寺在南京的寺庙中排在前列了。寺里的介绍显示，规划的规模极大，只不过目前只有大殿孤零零地独矗在那里，脚下除了绿地还有没收尾的大殿基座。寺庙何时建成？是否还能保持现有水准？一切未知。

北坛
南坛
揚子江

浦口正覺之

浦江佛影

珠江鎮開始，南下瓌繞老山走鄉鎮。

极乐寺（极乐庵）——弘德寺（百子庵）——［珠江村］观音寺（观音庵）——明因寺——赵村庵（吴公塔）——王总庙——祥云寺（祥云庵）——松筠庵——华严寺（华严庵）——罗汉寺——百子庵——惠济寺（汤泉禅院、香泉寺）

极乐寺（极乐庵）

寺的前身是极乐庵，《江浦县志》载：“旧在小东门内（今浦口区珠江镇怡园巷南端），顺治年（1644—1661 年）中建，溪桥围绕，松柏苍翠，悠然忘尘市之嚣。”1993 年重建，新址在象山路西侧一处高地上，背倚老山，颇有气象。

极乐寺和老山里的兜率寺也颇有渊源，1980 年代初，兜率寺的心灯和尚在极乐庵修行，幼年也是在极乐庵出的家。现在的极乐寺和兜率寺风格迥异，大弥陀殿的规模在南京的佛寺里可排在前列，大雄宝殿和大弥陀殿的两侧厢房还建成了三层楼的安养院，有七八十间房。

寺里僧人不多，佛殿大门紧闭，殿前偌大的广场上晒满了准备腌制的蔬菜，三两老人闲坐一隅，这种寺与养老的混搭组合稍觉别扭。二者结合本是好事，但佛门清修、居士皈依均应有仪规约束，敬佛之心不可无。其实寺庙的用地不少，专辟一处作安养院岂不更好?

寺西山坳里，还有一座不小的书画院，怅然离去。

弘德寺（百子庵）

寺在康宁路全红组，原名百子庵，传为明胡贞女创建，原址在东门街后（今区公安局宿舍楼所在）。1987 年因拆迁移至现址，2000 年得圆霖法师建议更为弘德寺，同年建大雄宝殿五间，与观音寺毗邻。

[珠江村]觀音寺（觀音庵）

寺旧名观音庵，原址在旧县治前；解放初期，庵房为政府改作他用，寺庙解散。1988 年重建，四合院民居形式；2000 年建成，改庵为寺，与弘德寺一路之隔 。

明因寺

寺始建于元，原址在桥林镇东北的乌龙山下。桥林镇古名“石碛桥镇”，镇上的寺庙以明因寺为首，清咸丰间（1851—1861年）寺毁于战火，同治间（1862—1874年）重建，且规模扩大，民间有“骑马转山门”之说，“明因秋色”亦位列桥林十二景之首。现在的佛寺是1997年重建的，搬到了桥林镇的北面，在龙桥路边，原址现为桥林中学所在。

寺内曾供奉黄和尚的肉身金像，后被送往狮子岭兜率寺供奉，至今兜率寺祖师殿里依旧供奉着重塑的黄和尚法像，这是两座寺庙间的渊源。对于桥林本地人来说，明因寺传承久远，有灵验普照，所以香火一直很旺，这从寺里的建筑也能看出来。1997年建的三圣殿已经隐藏在2008年新建的大殿之后，后者可用精细二字来评价，殿宇琉璃金瓦、彩绘装饰、青石须弥座、石雕栏板，无不用心，尤其是塑像堪称一绝。除了好还很独特，问了寺里的信众，说这都是住持性空法师亲自设计，请苏州工匠来塑的，仅大雄宝殿的塑像就花了两年的时间。还拿来一张纸条，是师傅讲解时的草稿，原来信众们也很好奇塑像的内容与规制，塑像上方还有性空师傅题写的“大雄圆满”牌额。这不也是一种传法吗？师傅对佛家立像的理解定有不凡之处。可惜师傅不在，许下向师傅请教的愿望找时间再来。

趙村庵（吴公塔）

庵在桥林街道双庙社区七塔组，一泓池塘边，沿岸花草透着正午的阳光，朱颜欲滴。社区的帅小伙带我们到老村长家，老人说起过往历历在目，条理清晰。领我们返至村口，指着一块字迹几近湮灭满是青苔的石碑说：“这就是庵的位置了。”不远处是吴公塔，也早已无踪了。为辨明碑文，老村长捡了石子在碑上写字，竟是标准的小篆“赵”。老人说：“我五爷爷悬壶济世，乡里闻名，民国二年修了这庵……我哥1951年就入朝了，牺牲了……庵和塔都是‘文革’时毁的……村口的碑记是我写的，要不然，没人知道这了……”

告别前细细看了老人家写的碑文，字无谄媚、文不矫情，像白水豆腐似的引人感怀。时间无言，如此这般，像你像他像村口的野草闲花，风吹过的路依然遥远，这里的故事以后还会有人继续讲下去吗?

王總廟

庙在石桥镇王村，始建于唐，重建于明。1949 年有名僧王仕民驻锡，受当地信众崇敬更寺名为王总庙。 1994 年重修，现大殿因失火烧毁正在重建。

既为村庙，每年除观音会，还有东岳大帝会、地藏王会、腊八会等庙会，香火旺盛。

祥雲寺（祥雲庵）

寺与王总庙隔路相望，原名祥云庵，始建于 1946 年。

1990 年重建后改庵为寺，有大殿三间，僧房、经舍若干，大殿后正在新建佛殿三间。

松筠庵

庵在石桥镇高庙村，始建于 1942 年，高僧红亮大师在此修行，2001 年重修。

佛堂以民居改建，处理得清净宜人，颇有想法。

華嚴寺（華嚴庵）

寺在星甸镇东北工业园区内华严庵古文化遗址边，原名华严庵，始建于北宋。2004年重建，更名为华严寺。

寺旁有老银杏一株，因树有“古洞卧佛、一鼋守门、二龙护法”的奇特景观，声名远扬，香客不断。

羅漢寺

寺在星甸石窑社区毛村新罗汉寺水库，有五层古塔和银杏树，修水库时塔塌树淹。

遗存的石龟趺和祖师塔构件存放在星甸水厂路3号院内。

百子庵

庵在星甸街道十里村百子庵组。古时都城的郭外称郊，郊外称甸，《说文》曰："甸，天子五百里地。"星甸，星星的郊外，该是多远的距离？

资料显示，庵是遗址。问村上老人，带至一片废墟。半壁残垣的断面倒把小庵构造揭示得很清楚，三间一轩，土墙外敷小斗磨砖，昭示着不长的历史和回忆。旧庵门前一块无名碑上立了小小的砖头龛，村里偶尔还有香火供奉。旁边农舍的两个男子搭话：庵里佛像被县里收了，门口原来还有石狮子，不知啥时没了。要修吗？如果政府出钱，村里捐点是可以建起来的。

废墟里，遗留的木料整齐堆放着，上面覆了瓦……

惠濟寺（湯泉禪院、香泉寺）

寺始于南朝，靠着老山，临近汤泉，初称“汤泉禅院”，北宋元祐间（1086—1094 年）改名惠济寺。明洪武间（1368—1398 年）一度易名香泉寺，清咸丰间（1851—1861 年）毁于战火，只剩残碑断壁和三株千年银杏。

历史上留下不少与之相关的文章诗句，如宋人秦观《题汤泉之一》：“温井霜寒碧甃澄，飞尘不动玉奁清。老翁仙去嬴骖共，太子东归废沼平。据石聊为宝陀观，决渠还落堰溪声。洗肠灌顶虽殊事，一洗劳生病恼轻。”将惠济寺的由来说得明白。

本以为历史如此悠久的古寺当藏在深山，不想竟在镇子的中心位置。山门背书“返观即佛”，恰是寺与市为邻，入世修行的写照。

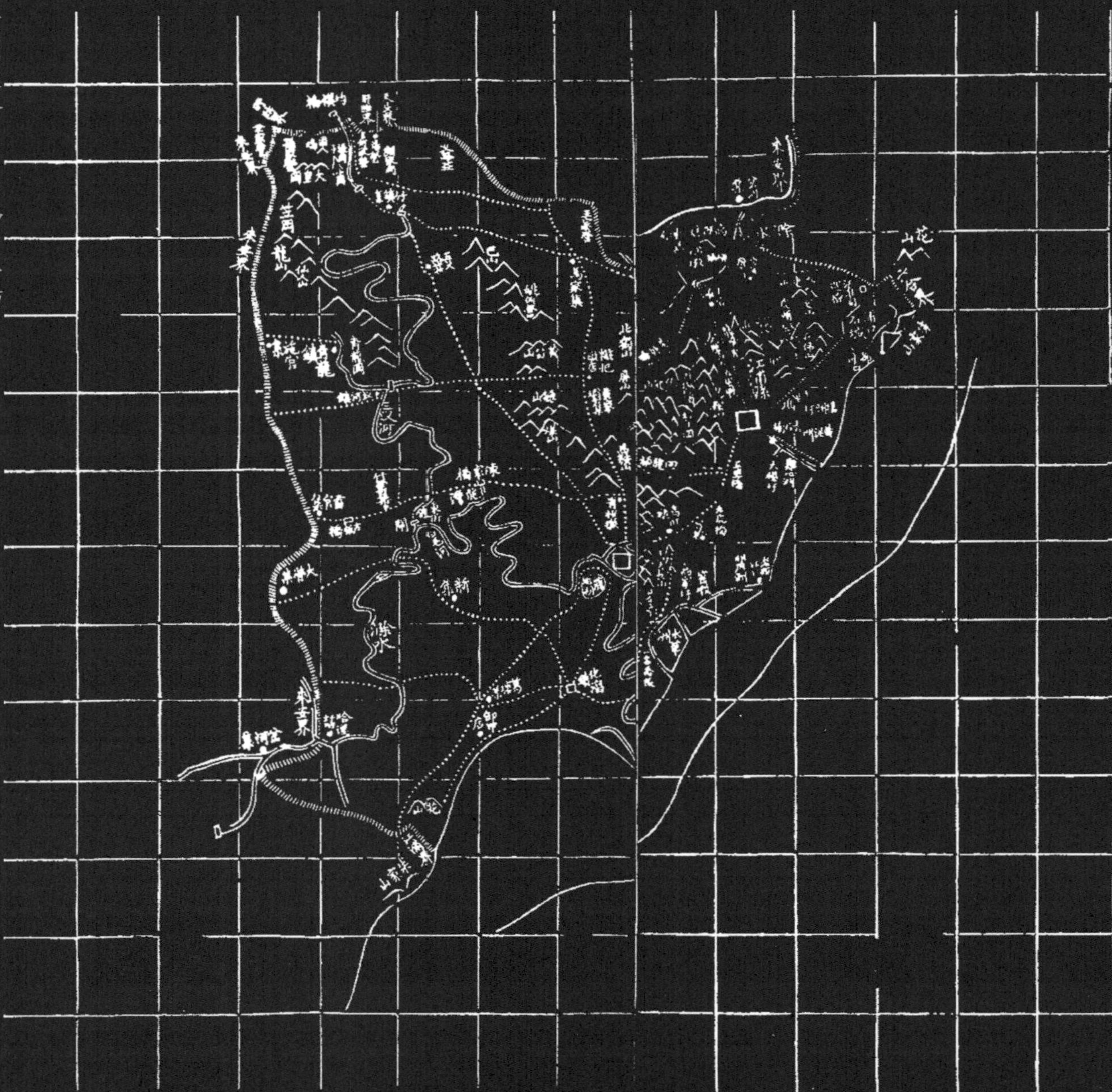

江浦縣境圖

浦口正覺之

老山雷音

自北向南，走老山。

兜率寺——隆兴寺（龙心庵、隆兴庵）——九峰寺（独峰寺）——［浦口区］诺那华藏精舍——［亭子山］观音庵——地藏寺（地藏庵、光明寺）——响铃庵——七佛寺——定山寺——普利律寺——明武庵——泰山寺（泰山庙、东岳庙）

兜率寺

浦口的佛寺，首先要说的一定是兜率寺。清《江浦埤乘》载：“狮子林在西华山响铃庵西，国朝顺治二年（1645 年）僧白庵建。”创建于清顺治间（1644—1661 年）的兜率寺，初以所在地为名狮子林。创建者是明时江浦高士郑聘长子——郑继蕃，因明亡国之痛削发为僧，遁迹山林，开创了江浦狮子岭的佛门茅蓬境界，后世人称白庵祖师。白庵祖师以“传经布道，敷演经典”为宗旨，不卖香烛，僧众自食其力，生活简朴，坚持禅修，几百年来，继承者一直保持着这一传统，在当下的佛寺中也是罕见的。

“兜率”之名，是太平天国狮子林被毁后常海和尚于光绪间（1875—1908 年）重建时改的。弥勒菩萨住的地方“兜率天”，是欲界第四重天，分内院与外院两个境界，弥勒居内院，境界为“少欲”而“知足”。兜率为梵文音译，意思是“受乐知足而生欢喜之心”。从狮子林到兜率寺，名字改得和修行法门相当匹配：“念佛虽为往生法门，知足才有欢喜之心。”

细说兜率寺，无论如何绕不过圆霖法师。其是“文革”后兜率寺的首任住持，现在的建筑都是在法师手中自 1980 年代初至今逐步建起来的。在常人看来，兜率寺的建筑有点寒酸，殿堂很普通，有的地方甚至显得简陋破旧，却不明这是法师的刻意而

为。法师曾解释过：“山野之人，不要搞得太好，有得住就行了。”还说：“房子破点就容易看破嘛！”

也有人希望法师迎合潮流，走出山门化缘募捐，走商业化兴佛之路。但法师对此不屑一顾，一心念佛，几乎不出山门。任住持的岁月里，寺内坚持不卖香烛，始终保持茅蓬境界的清修风骨。

圆霖法师 32 岁出家，93 岁圆寂，梵行六十余载。在兜率寺近三十年，一直隐居山林，不求闻达。法师以字画为禅，笔墨做佛事，尝云：“修行第一，书画第二，爱好书画，乃是山僧旧习，然能以此弘法利生，非无益也。”其字画名扬海内，每日信众盈门。法师对索画求字者一概尽力满足，一视同仁，不因贫富贵贱、供养丰歉而区别对待。以书画结佛缘，借书画作开示，为“不立文字”别开方便之门。如今的兜率寺，则是不可错过的法师书画观赏处与佛法学习地。如其在山门题联所言：“狮吼震雷音远播尘寰闻声顿醒千生梦，慈容开笑口普滋含识观面全消旷劫愁。”

佛陀时代的比丘，仅树下一宿、日中一食而已。如今物质社会，或称末法时代，在家和出家的差别何在？惟道心而已。兜率寺以苦修维护道心，坚持传承，用心良苦。

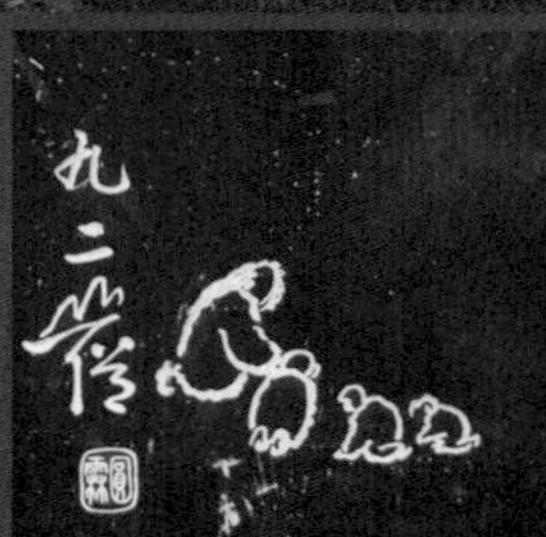

隆興寺（龍心庵、隆興庵）

寺建在同名古庵遗址上，在龙洞山的南面山坳中。传说龙洞山上曾住着一条乌龙，常兴风作浪，祸害百姓，有一老农摸清乌龙到山下饮水的规律，打制一把尖刀，埋于乌龙饮水必经的山道上，乌龙下山饮水时遭尖刀剖腹而亡并将龙心掉落山道上。后百姓起慈悲之心，埋葬了龙心，建龙心庵，成为兜率寺下院时改称隆兴庵。

庵毁于1960年代，遗址上有两株老银杏，还存一石碑。现有的建筑是圆霖法师于2006年发愿修建的，改称隆兴寺，山门和三间大殿已初步建成。因法师圆寂而停止，但仍可见规划的弘大及与兜率寺一脉相承的风格。

山门殿前有石亭两座，亭中各立石碑三块，均是法师手书，一是“僧佛法”，一是“戒定慧”。看来圆霖法师重建隆兴寺时虽然建筑较兜率寺高大，对修行的持守依旧最为强调的。

九峰寺（獨峰寺）

寺在星甸西北翠云山，后圩村的南面，算是老山的余脉了。旧名独峰寺，上山路边石崖上有1.5米见方的摩崖石刻“佛”字，为明世宗所书。寺离老山主脉有点距离，因和兜率寺的关系仍属老山一脉。

寺里的师傅是圆霖法师的弟子，在这二十几年了，1950年代圆霖法师也曾于此驻留八年。是故，九峰寺也秉承了兜率寺的修行法门，不卖香烛，自给自足，整体风格也和兜率寺一脉相承。

[浦口區] 諾那華藏精舍

精舍和九峰寺念佛堂相邻，由智敏、慧华金刚上师教育基金会出资，于 2007 年修建。

建筑克隆玄武湖的诺那纪念堂，只是乡间木作，略显粗陋。现关闭状，据说因未得到宗教部门许可将被拆除。

[亭子山]觀音庵

庵在九峰山的亭子山北坡，本也不大，仅一进带了厢房，还有老银杏和杏子树各一株，1958年被拆毁，树木也被砍伐，用来建造大队部。现只剩下庵的遗址台地和一处天然形成的观音洞。

此地地名有趣：姓+“山+贡（音hong）”组合方式，如胡（山贡）、孙（山贡）等，前缀当是聚居大姓，后者恐是一种地形的描述，如圩、墩、台等。只是查了多种字典，此字出处依然未得。见当地站牌，也是以同音字“烘”来取代。

庵之所在属后圩村胡（山贡），往西快到江苏安徽两省交界了。得当地妇人热情带路，顺林场土路上山，葱绿绵延实在养眼。不多时，即抵观音庵遗址所在台地，细细寻觅还能在杂草丛中拾得只瓦片砖。观音洞在遗址上方不远处，需爬段山路。洞3米见方，下探逾人。洞口植物茂密，有临渊泉流之感。洞中又分东西两洞，东洞较大，长约20米；西洞较小，成年人要弯腰才能进入。传说洞中有“三道门”和石观音像，未得证实。洞外远眺，山下高铁在旷野中神奇地飘过，恍如隔世。

地藏寺（地藏庵、光明寺）

寺在兜率寺山门口北，算兜率寺的尼部，相传为兜率寺开山祖师郑继蕃昔年坐禅修道之处。如今，寺修得弘大，和山门口的另一座小寺光明寺合二为一。

寺里到处可见圆霖法师的题字，在一处看似斋堂的建筑前，还看到了法师手书的对联。斯人已去，道心犹存。

响铃庵

庵在老山狮子岭若航直升机场后面的路边，离兜率寺大山门牌坊不远，按旧时路线，朝拜兜率寺的路上是必经响铃庵的。去庵的路设了路挡，守路人也热心：你们把车停在路边，走进去就行，不远的。

山里清幽，庵已无存，两株老银杏枝繁叶茂，证明着这里曾经的存在。风来枝曳，涛声韵动，若庵还安在，叮咚铃声与松涛竹鸣共奏，一定很好听。

七佛寺

寺在老山森林公园门前，始建于明正统间（1436—1449 年），因供奉过去七佛得名，1995 年重建于今址。

昔为大寺，今仅左右两院。寺外环山，环境清幽。

定山寺

南朝梁武帝在六合山下为高僧法定敕建寺院，名定山寺，六合山也因之更名为定山，直至建国初期，定山与定山寺一直为江北名山古刹。

禅宗初祖达摩北上折荻渡江至长芦寺，后至定山寺驻锡，再去河南少林寺，创立禅宗。达摩在定山寺面壁修行，留有许多遗迹。在定山狮子峰下，有“达摩岩”，达摩岩下有达摩“宴坐石”，《江浦埤乘》载：“达摩岩石如斧劈，欲坠不坠，容人侧足而入，竹树葱青，为一山之胜。”还有卓锡泉，民间传说达摩因思念家乡之水，用锡杖卓地，泉水汩汩而出，故而得名。“泉出（定山）寺内观奇阁下，上覆以板，暗流入阁前石池。池上嵌横石，有‘卓锡泉’三字。池内游鱼潜泳，冬则藏阁下穴中。泉从石池右出，灌溉近田无旱岁。”这些遗迹因年久失修、开山采石等原因坍塌殆尽。只 1980 年代南京市文物普查时，在草丛中发现定山寺住持圆寂荷花缸与墓塔残件，还有一块达摩画像石碑。

尽管寺已无存，但其在佛教上的渊源还是迎来了发展的契机。政府基于文化旅游发展的角度，从 2011 年开始大投入重建，目前仅完成大雄宝殿的建筑部分，就施工现场而言已经可以想象未来的不凡，粗大的木料、新铸的大钟，还有山谷里平整出的偌大场地……唯一不确定的是，这个搭载一定经营目的的建设，佛、法、僧会是何种状态？

普利律寺

网上有普利律寺在建的消息，前去一探究竟。经查，寺在浦口区顶山街道三元庵组阳北门山，地图上显示在近泰山新村沿山大道东，进村询问村民，告知在山上，小路崎岖，上上下下，绕到后山仍不知所踪，疑惑间抬头看到右侧坡上两株老银杏豁然在目，悬挂红灯笼一串，上前看到树下香火痕迹犹在，以为这就是寺的遗存了。正欲离去，听到诵经的声音，左右找不到踪迹，见前方铁皮木板搭建的简易棚舍数间，沿树下水泥小径走近才知道，这就是普利律寺了，从寺钟的铭文看，2013 年就在这里了。

虽然屋舍极其简陋，却仍能看出寺庙传统的格局，山门殿、钟鼓楼、大殿、侧厢房一应俱全。大殿和侧厢房是简易房屋，左钟右鼓置于木制凉亭中，山门殿只用角钢搭架覆盖铁皮做瓦，因陋就简却别有生气。寺里正在做功课，二名僧人带着五位居士诵经，默听片刻，其中的虔诚敬意弥漫开来。大殿前的看板上绘了规划草图，看来建寺的心愿很是弘大。

地方不大，转了一圈没看到通水通电的痕迹，在如此艰苦的条件下坚持，非真信仰不能也。师傅们还在诵经，遂在大殿里随了功德就下了山。

村里人见到我们，说山上的是假和尚，其所谓假，大概指的是未得到官方的批准吧。何谓真假？如此心志，如此修行，乃真僧人也，一定再来参拜！

明武庵

庵在顶山街道后所村 4 号，实不好找。穿过有历史感的龙虎巷，清末民国北方格局的灰砖合院一路相随。转到工会街，建国后的苏式风格跃然眼前，之后，1960、1970、1980 三个十年的建筑纷呈叠现，但时光仿佛停止在 1980 年代，走在这里，满脑子都是孩提时代大院里的青葱岁月。顺铁路北行，路边是断流的小水渠，种了些日常的蔬菜，时不时还可以看见铁轨枕木，老锈沧桑。一路询问，后所街后所村的混淆让我们几经辗转才找到。

真是后所村 4 号。敲门，无人应答倒引来群犬乱吠。站远些，看见院墙里一个屋顶是小瓦的，有些古旧意味。在当地人的记忆里庵的名字已经模糊，只记得老尼姑过世，房子给了她的义子。路另一边有类似泮池的长塘，水杉的影子配着混沌的日光，迷离而破碎。

泰山寺（泰山廟、東嶽廟）

寺在宁六公路泰山新村转盘西侧的泰西路宣化山山顶，在江北地区影响颇广。

寺的前身是泰山庙，原名东岳庙，始建于明，早先供奉东岳大帝泰山神黄飞虎，后又供奉泰山老母碧霞元君。不知何时，泰山庙从原先的道家道场演变为以佛为主、道神为辅的道释合一寺庙。

明初所建的泰山庙毁于太平天国战火，至民国时大修，解放后做了部队的营区直至1980年代中期。1986年泰山庙改名泰山寺，南京市佛教协会派鸡鸣寺的隆月师傅来任住持，现在的建筑格局就是在隆月师傅手里实现的，只山脚到山门殿的青石台阶还是清末旧物。山门前几株苍松屹立，沿石阶而上，格局不凡。山顶本不大，1990年代初来的时候只几间简易平房，如今则是三进两院的标准规制，布局紧凑中见大气。山门殿和之后的大雄宝殿都是2000年后建成的，建筑与塑像均中规中矩。第三进的藏经楼年代稍早，1990年代中期所建，底层殿内供玉佛、地藏和泰山老母碧霞元君。

泰山寺之所以影响大主要因于每年的泰山庙会，又称“三二八庙会”，农历三月二十八这天是黄飞虎的生日，庙会从农历三月二十七到二十九日举行三天，近几年，每年参加庙会的人数都在十万人以上，2007年泰山庙会还被政府列入首批南京市非物质文化遗产名录。泰山庙会历史上虽有变化但从未中断，泰山庙也成了江北地区的佛教圣地。

再访泰山寺是个周四的下午，许是工作日的关系，又未逢初一、十五，香客不多，和门外的熙熙攘攘相比，本来还在感慨心净即佛土净，却没想到十余年前寻访的一幕再现：我们多年的习惯，进寺庙不点香只奉功德，进山门时未购香烛可能惹得一些人不高兴，下山在后门看古井石亭上的碑刻时，有一位冲过来说不许拍照，态度蛮横，说自己修功德就要执行寺里的规定。其实佛家既然立像传法，佛祖菩萨登座开光后应该希望广为传播，不能照相之说本来无稽。误传的由来源自保护塑像不可使用相机闪光灯，也有佛门对游客拍佛像后随意处置照片有损福德的善意化解，这些寺规明示即可，阻拦之法亦伤福德。何况拍的只是碑亭古井而已。殊不知功德在法身中，不在修福，当年达摩在此地所言还是未尽其意啊！早些年泰山寺曾出现修行人借寺敛财的情况，香火旺盛时更应“佛向性中作，莫向身外求”。

离去时依旧感慨，随其心净则佛土净，只……换了心境！

卷四 娑婆自在

溧水 高淳

溧水樸如 清淨無想、東廬普照、石臼佛歌

高淳法雨 水陽伽藍、丹湖佛圩、两湖之間、游山真如、慢城佛語

南部地区主要指的是南京市的溧水、高淳二区，高淳又源于溧水。从历史沿革上看，二区隶属南京可上溯至唐。唐至德二年（757 年）置江宁郡，次年改昇州，领溧水县等四县，此后相沿。元元贞元年（1295 年）升溧水县为溧水州，隶建康路（后改称集庆路）。明弘治四年（1491 年）析溧水西南七乡置高淳县。清代的溧水、高淳一直属江南省江宁府。民国定南京为首都，溧水与高淳的辖制变动频繁，先后直属江苏省、金陵道、溧阳行政督察区、第一行政督察区（驻丹阳）。解放后，溧水、高淳先后属苏南行政区、江苏省镇江专区、常州专区；直到 1983 年，二县才重归南京市管辖。2013 年 2 月二县撤销，改为区治。可以说，从唐开始，溧水和高淳的辖地属于南京一部分的历史已经超过一千三百年了。历史上溧水、高淳二区曾为一家，在风土人情上亦多有接近，不过高淳自明置县以来，辖内水域占比超过三分之一，民俗文化也逐步发展出自有的特色；同时，本卷寻访的佛寺也是本书所分三区中最多的。

从地理上看，溧水处在茅山山脉的突起绵延区，境内山丘低矮离散，地势东高西低，以石臼湖、秦淮河两大水系分水岭为界，北部秦淮河水系地势东南高西北低，南部石臼湖水系地势从东北两个方向由高向低倾斜，汇交于湖区。总地形为丘岗交错，缓丘漫岗绵延。

溧水北部和江宁接壤，寺庙数量不多，风格也与之类似，多建在境内山水形胜之处。南部和高淳连接，村庙较多，建有戏台。寺庙和庙会结合，满足临近村庄乡众的信仰需求，也是村上老人日常聚集聊天晒太阳的地方。溧水的佛寺大多简朴，庙宇殿堂不多且规模较小，仅东庐山观音寺形制体量有大寺风貌。

高淳在南京的最南端，西南与安徽宣城接壤，有“吴头楚尾”之称。《高淳县志》说其“地形夷旷，山少水多，荆山拱其前，腊山拥其后，丹阳、石臼、固城环绕其左右”。整体是个东高西低的地势，东至中部广布丘陵，西部原为三湖环绕，“南拥固城，西抵丹阳，北临石臼”。由于泥沙淤积加上沿湖百姓筑堤圩田，湖区范围不断缩小，目前固城湖三十平方千米，石臼湖两百平方千米，丹阳湖名存实亡，只剩下十八平方千米的姑溪河水面。

祠堂庙宇众多，高淳居南京各区之冠。祠堂多说明高淳的传统宗族宗法传承完整，寺庙庵观多说明宗法传承带动宗教信仰传继。在高淳，民间信仰的力量强大，佛道与当地的祠山信仰融为一体，寺庙与祠堂相邻，是村落庙会的主要活动场地。虽不能说村村有庙，但几个村落间一定会有传承不一的寺庙庵观，民国《高淳县志》记载高淳的庙宇有近三百座，今天数量远不及以前，但和其他地区相比也是数倍之数了。总体看，高淳的祠堂庙宇，祠堂为首占比二分之一、佛寺三分之一，余者道家观庙。

其实，高淳的佛寺多与儒道释三家归一不分彼此，一些道教庙观与佛教寺庵无论格局、祀奉的对象都大同小异，同为村庙，同样佛道共处，如祠山庙、杨泗庙、天妃宫、大王庙、楚王庙等，区别仅是一个名称而已。这些本卷皆未收录，否则数量更多。即便如此，所列佛寺估计也未尽全功，难免疏漏。

乡野之中，佛教的寺庵、道家的神殿、宗族的祠堂及老人会，往往同处一地，有的村里同时有几处庙宇，又或一处庙宇中无论佛道谁为主尊，同时供奉菩萨天尊，佛道共处一殿。如此种种，随处可见。民间信仰的介入，证明佛道已完全融为乡民生活的一部分，也恰是传法弘道值得思考的地方。无论佛道，对民众而言，无非求吉避祸的心理诉求，在此之下的行为表现，实质上已经成为乡村民众娱神娱己娱众的精神生活了，并对凝聚宗族、承续传统、教化道德有着重要的作用。以前这种信仰被看作落后的迷信，现在看来其实际作用也有积极的一面。

因为佛教的包容，佛家的影响力在高淳民间为主导者。去村里寻访，但问佛寺都能得到热心的指点，其也成为村民乐于谈及的话题，这里面的空间大有可为。传说乾隆帝南巡为高淳题写“江南圣地”，虽不见于史载，但高淳道场之多，宗教氛围之浓郁可堪圣地之名。赞曰：娑婆自在，一念真如。

南
北
東
溧水縣
建平縣界
宜城縣界
永寧鄉
永豐圩
溧陽縣界
唐昌鄉
大遊山
荊山
安興鄉
秦山
固城
立信鄉
崇教鄉
儀鳳鄉
句容縣界
上元鄉
贊賢鄉
中山
白鹿鄉
恩賜鄉
銅山
山陽鄉
上元縣界
淨山
左山
句容縣界
歸政鄉
長樂橋
長壽鄉
烏山
江寧縣界
崇賢鄉

溧水樸如之

清淨無想

無想寺是距縣城最近的古寺了，其他的星羅于鄉野。

丰安禅寺（兴化禅寺）——双庙庵——永寿寺（永昌塔、永寿塔）——崇庆寺（大觉寺）——无想寺（无想禅寺、禅寂寺、禅寂禅寺）——狮子山灵应寺——灵峰寺——鼓楼庵——上方寺

豐安禪寺（興化禪寺）

寺在东屏镇丰安寺村，村以寺名。原寺有九十九间半，又名兴化禅寺，始建于唐大中间（847—859年），北宋太平兴国五年（980年）改丰安寺，南宋淳熙六年（1179年）请为禅院，遗址已列为溧水区文物保护单位。

寺得重建，仅一进，大殿三间，遗存的老柱础栏板堆于墙角，一口古井，井水清冽。大殿供奉西方三圣，佛像庄严略有破损。看寺妇人解释道：有盗夜入寺庙，未得钱财，推倒圣像泄愤。话毕，又忙碌开来。

雙廟庵

庵在永阳镇西北两里，不过一间大殿，供奉佛祖。环绕四周，旧瓦遍地，几株老树虬曲苍劲，枝干黑黑的，缠满了岁月的皱纹。

永寿寺（永昌塔、永寿塔）

寺是先有塔，如今寺已不存，塔却仍在，也是溧水最古老的建筑之一。据说旧时溧水人丁不旺、文风不振，乃因“风水不好”，县城三面环山西北空缺，秦淮河水北流入南京，把溧水的财气、才气都带走了。明万历间（1573—1620 年）知县徐良彦倡导乡里集资修建宝塔，以塞水口，补山水之缺。

塔落成后先名永昌塔，意为永远繁荣昌盛，并在塔周建寺；后，塔改为永寿塔，寺则名永寿寺。清时寺内有僧众近百人，为溧水县城第一大刹，后毁于火灾，仅余塔之砖构部分。现已是溧水博物馆的一部分，驻足馆前广场观望，塔形优美，微风吹来，梵铃叮当。

崇慶寺（大覺寺）

寺在溧水县城东南的246省道旁。始建于南朝梁大通二年（528年），唐大中间（847—859年）改名大觉寺，北宋时才改为崇庆寺。南宋时被金兵烧毁，之后重建又毁于太平天国。寺原有数百年斜塔遗存，1949年倒塌，至今崇庆寺“歪宝塔”传说还在民间流传。

因城内建设拆迁，寺移今址，暂委身于民房改造的小院内，门前仿唐的石雕力士和院里的石雕观音都很精美，唯一的佛殿内偌大的木雕佛像还是半成品。规划的蓝图张榜在小院里，甚是宏伟，周围土地已经划给寺里，看起来建设的事情已是箭在弦上了。

無想寺（無想禪寺、禪寂寺、禪寂禪寺）

寺在溧水县城南的无想山，始建于六朝，唐武德间（618—626 年）重建，名无想禅院；北宋治平间（1064—1067 年）改为禅寂寺，南宋僧道甄复兴大刹，朝廷赐名禅寂禅寺；明清时复名无想禅寺。值得一提的是：南山律宗初祖古心大和尚，就是溧水人，也是在无想寺皈依佛门的。

无想之名，据说与南唐政治家韩熙载有关。其人仕途失意时曾寄情山水，一次去溧水游玩，在洪蓝埠见一山，风景绮丽，鸟语花香，遂留连忘返，并在山中置地筑台，隐居读书。韩熙载想到佛家的“无我思想”，就给山改名无想山，山里的寺也就跟着成了无想寺。诗云：“山名无想寺因之，寺抱山中境实奇。”说的就是这个典故。

如今被誉为“溧水第一胜境”的无想山已经开发成森林公园，山里却有了二处无想寺。

一在无想山南麓的山谷里，此乃原址，新建了毗卢宝殿，坐落在圆拱形钢筋混凝土结构之上，远远望去如处高台，甚是壮观，不知何故建设已中断，还是个结构裸露的半成品。已经褪色的宣传牌上显示规划的是个三百亩用地三路三进二十余座殿宇的大寺，毗卢宝殿下的那个圆拱形结构，是八百罗汉堂和地藏佛殿，猜想造型取自印度浮屠。寺后小径隐约可见古道石阶，半山有摩崖石刻，左侧巨石上书“凤泉”二字，瀑布旁依岩石建了滴水观音殿。山顶一泓碧波，名曰“天池”，如今修了步道，成了郊游休闲的场所。

另一在山脚下无想寺水库的东北角，无想山庄之后。挂了无想禅寺的牌匾，两间大殿，几所僧寮，虽然简陋，因有僧人打理，倒也清爽，门口宣传牌上也是有十余座殿宇的宏大规划。

其实，自古以来僧尼众多的大丛林多在大城市或佛教宗派圣地，数量繁多的守护一方的乡村型寺庙则既是佛法承载之地，也承担教化之责。乡野之间，简朴幽雅的禅境和周边环境更为贴切，求大求全虽是今时社会现状，却非弘法的唯一途径。

回程远眺山谷密林之上的无想寺，斜阳下呈现着宁静和深邃，如此桃源仙境，却也印证着空门寂路。

獅子山靈應寺

石臼湖边渔歌村，山若卧狮，名狮子山。其东壁立百尺，寺在山顶平坦处。

当地传说：狮子山是女娲补天遗石，唐开元间（713—741 年）建寺，民国有大德复兴寺院，圆寂后坐缸三年不化，乡里奉为灵应菩萨，“文革”中皆毁，二十年前寺得重建。

靈峰寺

说起傅家边，南京人会想到草莓，其实这里有草莓更有梅花，还有梅花山后千亩竹海，寺就坐落在花海之中竹海之旁。

寺始建于清康熙间（1662—1722 年），早已湮灭，现在的前后两进是附近村民自发重建的。2013 年溧水小西门扫帚庵拆迁，迁出的僧尼被安置于此，寺属东庐山观音寺。

鼓楼庵

庵在溧水洪蓝镇塘西村，始建于清咸丰间（1851—1861 年），遭兵火颓败，至 1980 年代初，就只剩了一道残墙，但仍有老人时常来此香火祭拜。

2012 年村里老人会倡议重建，前后两进，门口的石兽似麒麟，造型肥硕，前殿不供弥勒却奉真武大帝，南京仅此一例。民国时南京城里的虹桥附近，早已无存的金陵寺也是如此供奉，时人朱偰以为奇怪。

上方寺

寺在石湫镇葫芦坝村，现已片瓦无存，只留一株千年银杏在村口上方村村民委员会后的水塘边。

一位老人看到我们到访，特地跑来告知："这株银杏可是孙权之母手植的，原来的庙有九十九间半呢。"

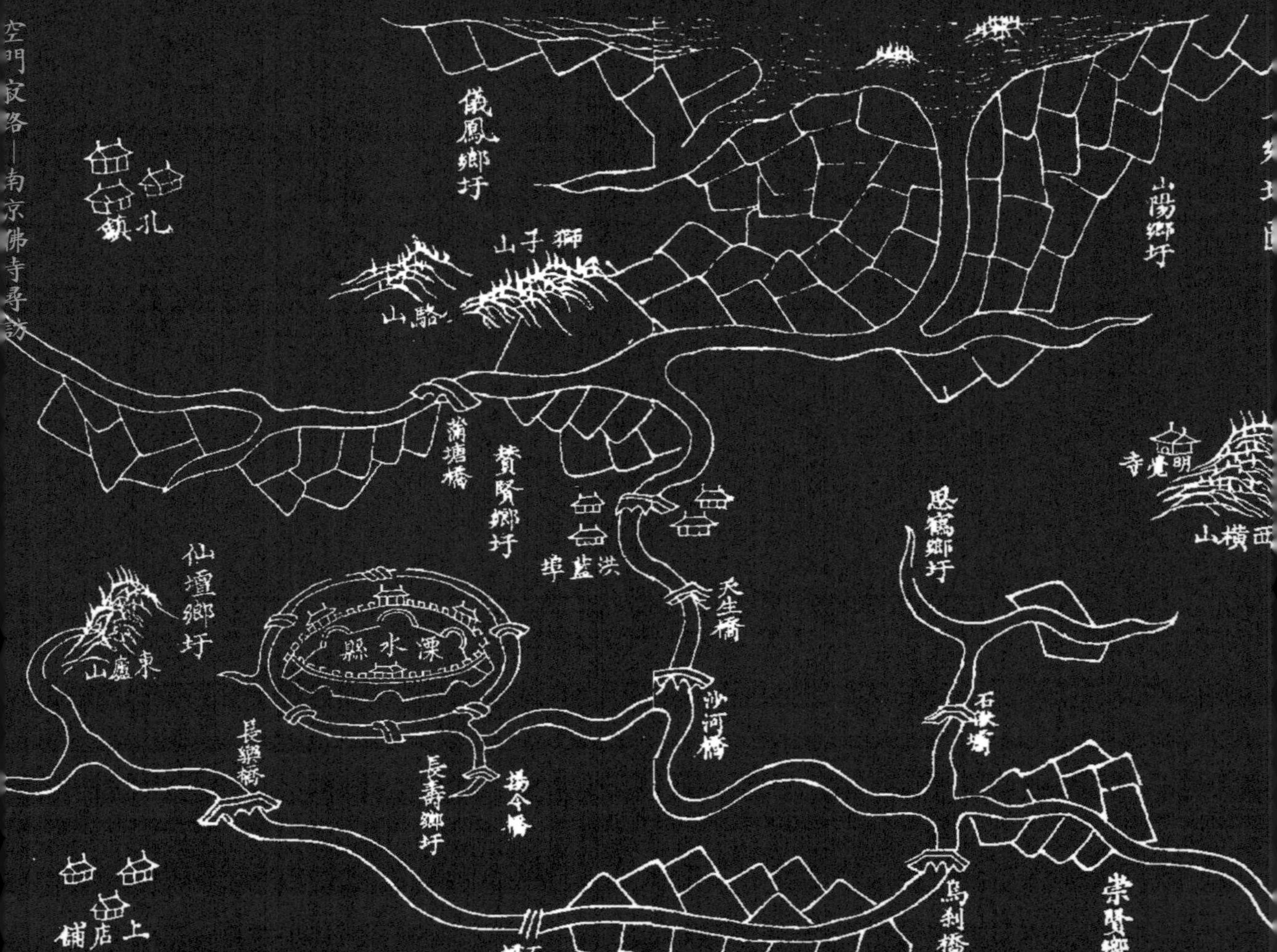
儀鳳鄉圩
孔鎮
獅子山
駱山
陽山鄉圩
蒲塘橋
贊賢鄉圩
洪藍埠
明覺寺
西橫山
恩鶴鄉圩
天生橋
仙壇鄉圩
溧水縣
東盧山
沙河橋
石湫橋
長樂橋
長壽鄉圩
上店鋪
烏刹橋
石橋
崇賢鄉圩

溧水樸如之東廬普照

東廬山之於溧水，如鍾山之於南京；其山乃秦淮之源，山脈逶迤，沿綫佛寺占比近半。

延安寺——［东庐山］观音寺（观音庵）——禅国寺——乌龙寺（龙王庙）——马占寺——陈笪庵——［箬帽山］

观音庵——福德寺——宝鼎禅寺、东宝鼎禅寺、杨树古寺——神树岭寺

延安寺

寺始建于唐大中初（847 年—），屡有兴废，原址已不可考。寻访问路于东屏镇居民，皆不知延安寺。四下寻觅，却在大金山国防主题公园内，乃为景点而建，取了旧名而已。

寺在南麓的高台之上，一座大殿两侧配殿，庭前立高数十米汉白玉南海观音像。建筑和塑像都还好，只殿堂布置更像工艺品陈列，露天观音座下供奉的三彩观音略有佛家意思。

[東廬山] 觀音寺（觀音庵）

东庐山曾为溧水八景之一，又是南京秦淮河源头。宋人张敦颐《六朝事迹编类》载：“其淮水名龙藏浦，源发自庐山，经溧水西北流，入江宁界。”山上佛寺不少，有主峰东南的禅国寺、南端的马占寺及西麓的观音庵等。观音寺的前身就是西麓观音庵，始建于元，毁于太平天国，清末重建，庵堂不大，三间一院加两侧厢舍，解放后拆除。

1990年代末，县城分龙岗的观音庵拆迁，迁移至东庐山观音庵原址重建，更名为东庐山观音寺。寺为鸡鸣寺下院，位列江苏省和南京市重点建设寺庙。从1999年开始建设至今，目前的规模仅实现了规划的很小部分，方案显示建成后占地二千亩，将铸造高达48米的观音像，建千人佛教安老院、佛学院、书画院等，是一个集安养、慈善、佛学修养、佛教旅游为一体的风景区，名曰“极乐世界”。

寺外的土地已经被征收，村舍房屋拆迁殆尽，只留下寺独矗于山麓，颇有空寂独望的意味。寺依山势的格局一目了然，气派十足。寺外的建设正在进行，道路破碎，泥石裸露，风尘颠簸中入得寺内，异常清静，师傅们有条不紊地做着自己的事，无声之中自足圆满。但仅有两座佛殿，一是入寺处的天王殿，再就是高台上的圆通宝殿。

圆通宝殿供观音坐像，环壁皆佛龛，用了声光电高科技，红蓝黄绿闪烁间隔佛号宣读之声扬起，不甚喜欢。转身，于大殿高台极目舒展，台阶上放置了许多石刻小沙弥，或行或坐，憨态可掬，忽然想到《坛经》中语：“本性自净自定，只为见境思境即乱。”出得门来，回望圆通宝殿，叩首离去。

禪國寺

寺在东庐山南麓，是处遗址，现为林场护林员的住所，周围茂林修竹，松桧丛蔚。前有山塘，驳岸石砌，估计为寺之取水放生所用。整体环境颇佳，依稀可想古寺风貌。

近年开发东庐山文化旅游，在遗址上建佛殿一座，平房三间，未具名挂匾，亦无人照看，四周散落着柱础舍利塔构件等。

烏龍寺（龍王廟）

寺在东庐山南，禅国寺向东的龙王庙水库前。寺前山势若龙潜入水，山上杂植竹木如龙鳞附体，真是个龙攀佛地，虎护禅林。寺前身是龙王庙，现在的房舍都是 1988 年以后逐步建设的。依山前后三进，山门殿循龙王庙旧制供奉龙王，辅祀雷公电母风伯雨师。寺内老尼面目慈祥，来自溧阳曹山，乌龙寺由庙改寺是她一力促成。

寺前广场建简易戏台，逢庙会有戏班演出。并堆放着残碑柱础，最早的一块是清道光间（1821—1850 年）的，碑文漫芜，成句者：“朝闻道，夕可死矣。”

馬占寺

寺在马占坳村。据《溧水县志》载："马占寺，东三十里，南宋咸淳十年（1274年）傅净端创，旧传马尚书读书于此，故名，明永乐间（1403—1424年）修。"1950年代初，寺虽败尚存，并有二三和尚，后由国营林场接管，将残破的庙宇逐步改建为护林房。

2009年初，释常定、释慧华两位师傅来到马占寺，映在眼前的是荒芜破庙，几间小房，残墙断壁，杂草丛生，常定、慧华发心重建马占寺，恢复道场。新建寺院坐落于群山深处，仅一条小路通达，路边林壑优美，野泉四布，近寺处已是竹海汪洋。以天王殿权作山门，内部壁画颇有一观，似八十七神仙卷。大雄宝殿坐落于后，佛陀菩萨按部就班，一部中华大藏经静静地陈列在殿内一角。

陳笪庵

庵在白马陈笪里，不过百户小村，村庙的建设却也尽心竭力。村民正在庵前拓宽道路，准备正月里的庙会。门口有碑记，庵内塑像朴素，布置活泼别具一格，生老病死俱有表现。此庵清代始建，改革开放后恢复，虽显粗陋，但对收拾民心功效卓著。

离开时，干活的村民放下手中的铲子，迎上来拉话，觉得如此小庙，竟引得外乡人拜访，言语之中颇为自豪。

［箬帽山］觀音庵

溧水箬帽山南，周边 52 个自然村合力兴建，现在仍在扩建。修路建楼都有领导小组，质量终身负责。

庙会成员有正式成员也有候补成员，很有体制特色。

福德寺

快到杨树山时要经过前坝桥，桥头有小庙名福德寺。福德者，福德正神也，是道教神仙体系里等级最低的社神。但县官不如现管，这个掌管一方土地的小神在民间影响深远，就是大家常说的土地庙里的土地公。在民间，当地有功者死后封土地神已成惯例，而没有名人的，土地神一般就是这个名叫张福德的福德正神。

福德寺在溧水、高淳一带极多，且常常祠寺不分，溯源的话靠道教更多些，照理不属寻访记录的范围，但既以寺名，权作个说明：南京算是土地神信仰的一个起源，钟山亦名蒋山，就是因为在钟山为最早尊为土地神的汉末蒋子文立庙堂，而将钟山转叫蒋山的。

记录福德寺，其意乃为：佛道有何区分？有信仰寄托就好！

寳鼎禪寺、東寳鼎禪寺、楊樹古寺

杨树山方圆四十平方千米，若宝珠居于九峰山、滚鼓山环抱之中，山脊为界，山北溧水境内有寺庙三处，宝鼎禅寺、杨树古寺及东宝鼎禅寺，山南溧阳境内有芳山普陀寺。

宝鼎禅寺在杨树山北麓，始建较早，也是三座寺里最大的一座，面对水库背倚杨树，寺前建了偌大的戏台，东面水库边还有个度假村。禅寺虽经多次扩建，却没有统一的规划，在建的佛殿越来越大，体量形制都很奇特。早年落成的院子依然安静祥和，殿内正在做着法事，梵音低唱，客堂边几位妇人说笑着在做元宝，法事做完就要拿出去烧掉。佛家接引往生，《正法眼藏》云：“生即生，灭即灭。”生死往复自然之道，如印光法师所言：“信彼极乐，即我本有家乡。”

东宝鼎禅寺在杨树山东麓，与宝鼎禅寺并无关系。小寺大殿一座，平房数间。小院破旧，师傅正忙着腌制咸菜。师傅告知：宝鼎寺的旧址在此，自己是溧阳人，孤身到此修行已逾二十载，靠一己之力建起了寺庙。还未完工的大殿里佛像精美，对此师傅也颇为自得。

杨树古寺在山顶，传说杨树山左青龙右白虎，有腾龙之势，刘伯温命人在山顶建寺破此风水。小寺数间平房而已，取其一为佛殿。寺后平地为原寺遗址，瓦砾遍布，极目山下，左为宝鼎，右是东宝鼎。寺有师徒二人坚守，见我们来访，开门迎入，师傅谈起与佛祖神仙之缘，虔诚之心溢于言表。径荒寺野，然信愿念佛，功德无殊也！

杨树山一山四寺，溧水境内有三，三寺相邻不过数里，守望之下却不往来，于此世间行佛家法门，为世间说法，仰信佛言，依教奉行，各获其益。《阿弥陀经要解》云：“得生与否，全由信愿之有无；品位高下，全由持名之深浅。”切记！切记！

神樹嶺寺

寺在晶桥正北榆树岭西。一间佛殿，供观音，门前碑亭载唐天宝间（742—756 年）事。

溧水朴如之

石臼佛歌

石臼湖的东半部属溧水，依水而生的乡野佛寺自有其生命力。

永宁寺（永宁庙、大毛庵）——长春寺（许茅庵）——新华寺——古心禅寺——正觉寺（东岳庙）——五仙庵——云鹤禅寺（来风禅寺）——回龙庵（史家庙、太平寺）——黄庙——象教禅寺（象山寺、望子山寺）——文峰寺（文峰庵）

永甯寺（永甯廟、大毛庵）

寺在南刘村，原名永宁庙，又叫大毛庵。始建于唐昭宗间（889—904 年），2005 年村里集资兴建时改称永宁寺。

三间大殿建在水塘边，门口张贴了几次活动的账目，收入支出很明了。看寺老人指着对面的戏台，洋溢着优越的口气说道：“每年八月十五唱大戏，附近十几个村子的人都会过来凑热闹。”

長春寺（許茅庵）

从南刘村永宁寺穿越林场小路，进入东刘村，沿塘顺行即抵寺址。寺前农家晾晒的冬菜横陈，铺满了戏台前的坐凳。传说当年刘伯温路过东刘村，到农家讨水喝，指点了农户在门前空地建寺，并取名长春。

寺又名许茅庵，因当地百姓信奉真人许逸仙，故名 。

新華寺

寺始建于明万历间（1573—1620 年），原址在孔镇中学内，仅存一水塘名曰和尚塘。

新址新建的新华寺，一座大殿供奉佛祖、财神、土地、十八罗汉。门口柱础，中西合璧，只是柱头装反了。

古心禅寺

杨如馨，字古心，赐号慧云，生于明嘉靖十九年（1540 年），是中国佛教南山律宗的中兴始祖。溧水乌飞塘村，古心大和尚故乡，乡里奉之为杨氏菩萨，建寺纪念。

寺仅大殿一座，奉古心大和尚、龙王、祠山，南京辖内的寺庙不供佛祖观音而供奉和尚的仅此一座。村里老人谢金荣很仔细地介绍古心的过往和村里曾经的荣耀。

正覺寺（東嶽廟）

寺在吴村桥村，原本要寻访东岳庙和正觉寺，到寺里请教师傅，方知两者本是一家，史上就在一起，大殿之上也供奉东岳大帝之牌位。

寺颇大，有三座大殿和若干寮房，其外还有戏台一座，院里散放了许多老旧的石构件和历代碑记，知此寺始建于南宋，史上兴废不断，流传至今。

五仙庵

庵在水晶村西，前殿供五仙，不知何许人，问当地村民也没问出个所以然。后殿奉观音大士。

下午一点多，庵内人声鼎沸，十数人围在一起正在耍钱。农闲的午后，只能干这些吗？

雲鶴禪寺（来風禪寺）

寺在晶桥镇云鹤山下。唐武德间（618—626 年）建来风禅寺，后改为云鹤禅寺。传说寺原在云鹤山上，有云鹤每日衔谷放入寺里米仓，富户怀恨毒杀，寺遂粮绝，改建山下。

建国后寺已荒芜，亦为丰安寺住持的道平师傅，来此复兴。云鹤山村在村东给了块地，寺周密植毛竹，西侧有绿水环绕。师傅说：“此地为荷叶地，随水涨落。”是个好地方！

寺仅佛殿三间，殿西建居士林，追随师傅修行的人不少，是所谓：“法不孤起，仗境方生；道不虚行，遇缘则应。”

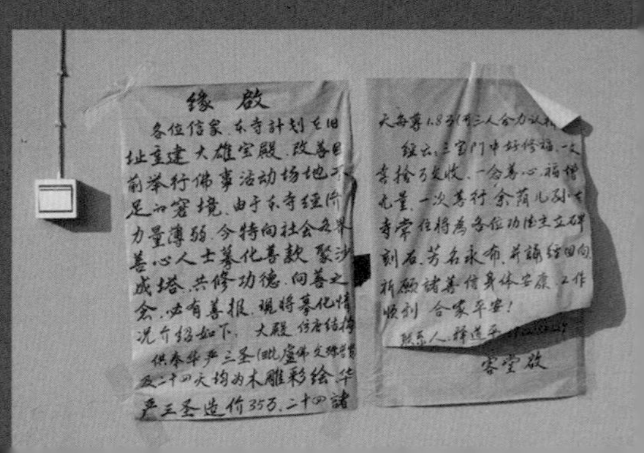

回龍庵（史家廟、太平寺）

在史家村寻访太平寺，村民都没有记忆，说起史家庙人们纷纷指路。史家庙是当地俗称，现在已经重建叫回龙庵，庵内有古碑一块详细记述了清光绪五年（1879年）重修回龙庵的情况。

庵堂供奉三世佛、妈祖和各类婆婆，门口张贴着今年庙会收支情况。

黉庙

庙在孙家巷村，村口有孙妇人贞洁坊，庙挂和顺社牌额，也是村里老人会所在。

“黉”指古代学校，后也代指地方官学，亦有称黉宫的，不过，常被人误写为“红”，虽发音相同，其意谬矣。回头看公交站牌，赫然就写着“红庙”，站牌所书确是就众了。

黉庙是文（孔）庙专指，实与佛寺不相及，或是儒释合一的考量？庙里供了一位黄氏婆婆，据传此庙原是婆婆的丈夫张义生教书的地方，若属实，则前身还真就是个当地的学堂。

庙门朝北的民间解释，仿佛也是一个证明，以前进京赶考的学子都是从石臼湖出发，然后转由秦淮河至南京，石臼湖在黉庙之北，学堂的门朝北，就是为了给学子们送行和等待他们的归来。站在庙门前，北望凤栖山，视野开阔。

庙内一尘不染，窗明几净。侧有小片老树林，下建小院名曰“血池”，疑取《血盆经》意。

象教禪寺（象山寺、望子山寺）

寺在凤栖山顶。凤栖山两山对峙若马鞍，高约十数丈，满目苍翠，又称象山、望子山，象教禅寺又称象山寺、望子山寺。山下瘦松杂见，山顶却紫竹林密，有步道盘桓至顶。寺始建于后周，距今已有一千一百多年历史。

寺前石狮半掩于土中，有大殿两座，侧殿十间，据说地藏王菩萨曾来过此地，因之主供。一间偏殿供着唐僧师徒五人，悟空塑得奇小，不知何意？寺外竹木苍苍，隐约可见不远处石臼湖上的渔船。

文峰寺（文峰庵）

寺在溧水骆山村骆山顶。山下有龙王庙体制巨大，小寺登山道却是杂草无章时隐时现，二者对比强烈。

骆山大龙是南京市非物质文化遗产，在周边村落影响颇大，逢初一、十五来龙王庙烧香的香客，也会到寺里上香。

寺原称文峰庵，有碑数通，一株不知名老树立在碎瓦尺厚的院子里。村里老人协会就设在寺旁，老人们在寺前惬意地晒着太阳。

高淳法雨之

水陽伽藍

丹陽湖固城湖古圩區，因水陽江自有風貌。

聚星阁（水月阁、观音阁）——杨泗观音堂——洪庙——飞来寺——双溪庵——紫竹庵——定慧禅寺、[狮树村]观音堂（竹林禅寺）——关王庙——铁佛庵、文殊苑——[雁翅乡]大士庵——金宝寺（大士庵）

聚星阁（水月阁、觀音阁）

阁在城区襟湖桥旁，始建于明隆庆二年（1568 年），原名水月阁，又称观音阁，是当时县城最高建筑，名胜所在。清人查慎行《晚登高淳县南水月阁》道尽阁之风流：“偶尔经过偶泊船，偶登佛阁亦随缘。一茶不负居僧意，留我西窗看稻田。”

有清一代，聚星阁曾多次修整，1958 年拆毁。现在的阁乃 2003 年建成，距原址东移百米，由新桥村筹资重建。阁八面三层，砖木结构，攒尖顶，底层四向辟门，与襟湖桥共为沿江标志。

高淳民间称聚星阁为“一寺塔”，以“楼阁飞檐，凌空欲去”为淳溪胜景。新建聚星阁的二、三层飞檐颇有特色，八角形平面加了四个戗角，楼阁平面变得方正，立面上的十二飞檐尤显独特。更有甚者，阁里供奉的仙佛，可谓集大成者，儒道释各路集聚，地方信仰的祠山、承烈大帝和傩戏所用面具均有陈列。

楊泗觀音堂

堂在淳溪镇王村的官溪河堤坝上，2009 年建成。原在太安圩义和坛，只剩遗址，重建后又因城市发展迁建至此。

堂三间一轩，颇循古法，细致可观。因主奉观音和杨泗菩萨而名，有土地、火德星君等菩萨神仙九尊。

洪廟

庙在下埂河沿村，杨泗观音堂沿官溪河堤西行一千米可达。明洪武间(1368—1398年)大水圩决，此处未破因而建寺，故名洪庙。

庙在原址，荒逾三十余年，1994年由村里重建，供奉观音、孔子、八腊大王共十八尊菩萨神仙。

飛来寺

寺在太平村口，官溪河圩堤内水塘边，与下埂河沿村的洪庙隔江相望，却要经由县城的襟湖桥绕一圈过来。据传，明天启间（1621—1627年）一尊铜弥勒飞来，天有异象，遂建寺名飞来。后因水患毁，1998年由太平村重建。

寺构建古法，佛塑金身，自有环境，尚可一观。

雙溪庵

庵在狮树河双桥渡，自淳溪镇沿圩埂西行可达 。

紫竹庵

庵在狮树村丁东，有大殿五间，寮房一所。2013年重修大殿，未动原构，颇值称道。

四大金刚设于大殿立柱上，中三间供西方三圣，左伽蓝殿，右据说为肉身殿。肉身“文革”时已毁，以木雕代之。

定慧禪寺、［獅樹村］觀音堂（竹林禪寺）

寺在狮树村西，佛堂一间，民房改，简陋，与原为竹林禅寺的观音堂为邻。

關王廟

庙在关王村县道 302 的路边，据传原为高淳最古老的关王庙，现为关王村集资所建。大殿里关王已旁坐，改立三佛，殿后正新建三佛大殿。

村民以为我们是佛教协会的，还要求给村里建庙赞助。

鐵佛庵、文殊苑

庵在水阳江围堤与芜太公路交界处，和文殊苑为邻，坐于江堤之上。

庵尚可一观，苑则平房简易，陋不成制。

[雁翅乡]大士庵

地图显示庵在高淳境内，实属安徽宣城地界的雁翅乡。

庵在市场旁，1970 年代建成，近年又新建戏台、罗汉堂等建筑，形制奇特，应是当地自筹自建自管。

金寶寺（大士庵）

寺在两省四市交界处（高淳、当涂、芜湖、宣城）。虽属宣城水阳境，但历史上的水阳江、金宝圩和高淳关系极为密切，故录之。寺的前身是大士庵。雁翅陡门有古庵，系东吴孙权派大将丁奉建金宝圩所造，后毁圮。明嘉靖间（1522—1566 年）在原址建大士庵，民国时再度扩建。因水患频仍，终至毁损，1993 年迁建今址并改名金宝。

现有的建筑是近十年完成的，有亭有阁，殿架飞桥，庄重秀丽。造像古朴庄重，栩栩如生，以十八罗汉和千手千眼观音为妙。这里的香火也好，每年二月十九、六月十九、九月十九的观音庙会为当地盛事。

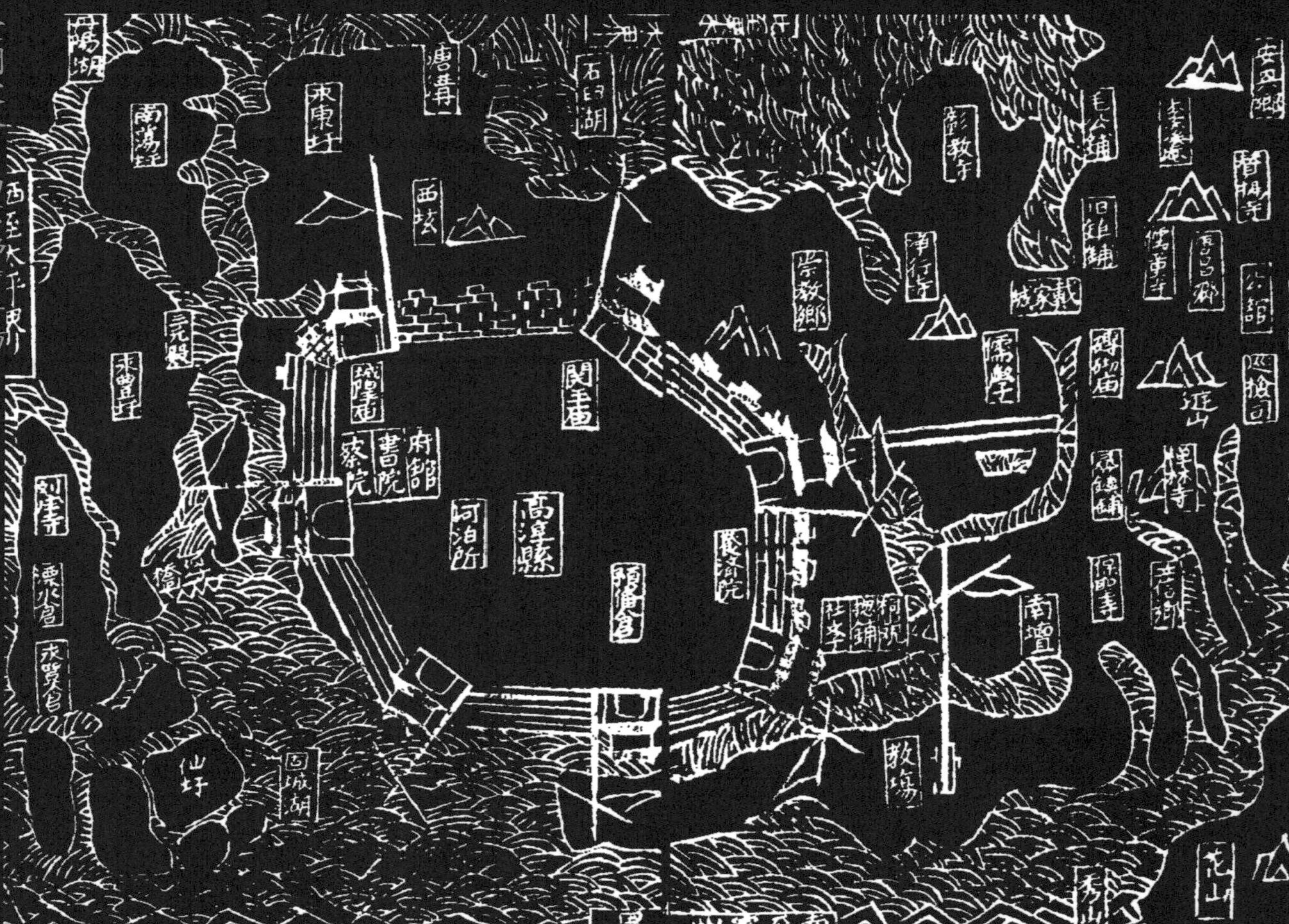
西至太平界
石臼湖
唐溝
西坊
高淳縣
府館
書院
察院
河泊所
預備倉
養濟院
崇教鄉
儒學
南壇
教場
固城湖
仙圩
秀山
花山
南至宣州界

高淳法雨之

丹湖佛圩

丹陽湖古圩區，佛道同輝，娑婆自在。

隆福庵——秀墩庵——光明禅寺——芦墩庵——永昌庵——兰若庵——［谷家村］观音庵——［夹埂村］观音庵——［大巷村］观音庵——［小花村］观音庵——古仙庵——莲堂庵（华国殿）——保圣寺——［钱家村］大士庵——东溪庵

隆福庵

庵在肇倩圩，师傅常智六十多岁，高淳本地人，十多年前来到这里，用心重建寺庙。圩区土地珍贵，师傅就按照民居修建，一楼地藏殿，二楼作为念佛堂，阁楼珍藏一部龙藏。

遇我们到访，师傅热情引领参观，指着周围说道：“这里要建大雄宝殿，两边再立山门，空中以高架桥勾连。”看来，万事皆已具备，只缺一些银两。

秀墩庵

隆福庵前行百米，一座废旧的庵堂。大门紧闭，门口的石狮倒是去年刚刚安放的。

光明禅寺

从薛城抄近路去沧溪，不料修桥断路，意外看到小九华。寺属当涂湖阳，坐圩堤之上，面对联合圩的千亩圩田，隔防洪埂和高淳境内相望。

寺的几座大殿于散落中聚合，有种不拘一格的美。其中的三圣殿和十王殿，塑像精美。寺里的师傅说当年地藏菩萨金乔觉路过此地，见此地是九龙戏珠之宝地，遂就地打座并建起了寺庙。

蘆墩庵

庵在长乐村东北的一片农田之中，两进院落，厢房数间。大殿供奉观音菩萨，一位老人正在洒扫，口中随着音乐在唱念佛号。

庵侧门对联上书：“求嗣常积德，祈福多行善。”的确，教化心灵，朴实的话语最有力量。

永昌庵

庵在沧溪镇董家村西。竹林之后一间佛堂，供奉三世佛，造像古拙。门口河边，野渡无人舟自横。

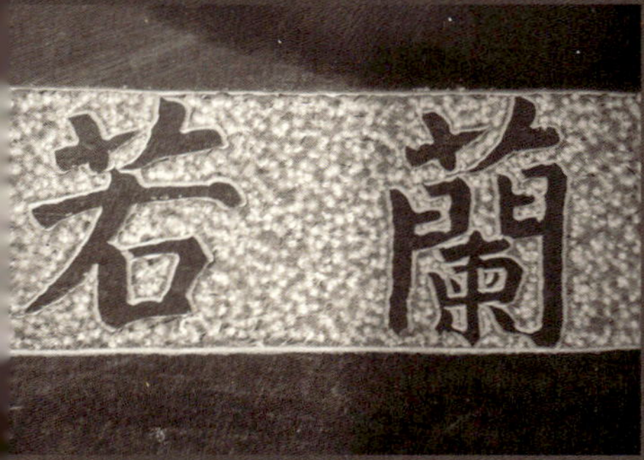

蘭若庵

庵在茅城村祠山殿西。祠山殿建筑精美，茅城庙会在高淳民间也颇有影响，但兰若庵只平房一间静卧一侧。

兰若为梵语，意为幽静之处。庵南一片荷花田，可以想见夏天荷花盛开，此地亦有绝伦之美 。

[谷家村] 觀音庵

庵在沧溪镇谷家村口，谷家祠堂孝义堂边，隔路相望就是沧溪三元观。

庵无甚可记，倒是祠堂年代久远，门口坐着很多老人，晒着太阳，守护着宗族胜地。

[夹埂村] 觀音庵

夹埂村在圩区之中，道路狭窄只容一车，大宗运输都靠船运。村西观音庵和九仙姑庙建在一起，不分彼此。

塑像不多但都很精美，特别是九仙姑像比例匀称，面相慈祥，是少见的精品。

[大巷村]觀音庵

庵是大巷村的一处民居改建的，十八罗汉之伏虎造型生动。

佛堂四周有墨客题词：人民建庙拜神灵，芳名存世代代传。

[小花村]觀音庵

庵在永丰圩小花村水阳江大堤上，院子干净整洁，佛像小巧精致。

古仙庵

茅城村东行二里就是时家村，村里的开阔地建了祠堂，与古仙庵相邻。庵的始建年代已不可考，1954 年被大水冲毁，2006 年重建。宗族寺庙，无论佛道，供奉的是真正的信仰。

村里人多在外打工，平时很少回来，有心人给佛龛做好门帘，把佛像全部遮挡，以防落灰，庵里祠山的傩具造型精美。

莲堂庵（華國殿）

庵在狮树万家村河边，殿一座。莲堂庵又名华国殿，现存高淳博物馆的明万历间（1573—1620 年）的碑记载：“华国者，缘春秋时圩锡丞相钟，而立名也。李唐之季，更名白莲庵，再更莲堂庵。世代廖远，人马蹂践，阒尔空址，每令人有禾黍悲……”

庵的原址已不可考，现在仍然供着春秋相国圩的创建者，至少建庵者是认定这个传承了。

白氏城隍功德著千秋
红袄仙女情缘系两国

保聖寺

寺在城东宝塔路和石臼湖南路转角，寺毁塔存。1990年代县城建设方兴未艾时，从南京到高淳必经的双高公路过寺塔，田野中健笔凌云，秀逸雄伟。如今塔在城中，路旁树荫浓密，竟然行至面前不见塔影。

寺因塔兴，最盛时据说寺有殿宇五千多间，僧众千人，范围几达半个淳溪镇。塔取寺名，历朝历代均视塔为宝一再修葺。塔为高淳四胜迹之首，民间称之为“四方宝塔”，始终为高淳的标志性建筑。

传说塔是孙权为其母延寿所建，孙权在高淳的民间传说里时常出现，真伪就无从考证了。现存的塔体四方七级砖木结构楼阁式，七成宋构，二成明清，剩下一成就是近现代修葺的了。

再访保圣寺塔的期待在走近塔院时变得黯淡，仿古的塔院山门紧闭，灰砖院墙上瓦碎凋零，杂草丛生，一副破败。绕过塔院，墙上挂了中英文的保圣寺导向牌，循方向而去，一间拆了一半的平房就着塔院的围墙及墙里另一处平房就是现在保圣寺的全部了。时有信众进出，围墙一角挂了新铸的大钟，房间里布置成简易的佛堂，播放着诵经的音碟，寺里外绕了一圈，塔寺隔墙相望，却依然无法进入。古塔相伴之下，寺虽陋鄙仍是净土。

再度绕回塔院山门，试推之下，门竟然没锁，进门见几位乡里牌局，大概战况正酣，对打招呼的我们视若无睹。进到塔院，塔完好，塔刹檐廊滚色虽退并不破败，反显出几分古意。院子破败萧条，不似春光。1990年代来访时塔边的佛殿没了踪影，变成了雕刻碑廊，碑廊正中置小阁，挂白氏城隍匾。塔院尽头台地上是双女坟，挂了招贤驿牌子的平房封了门，成了院外保圣寺的佛殿。南墙下一排柱础，规制较大，多为覆盆式石础，刻有童子牡丹图案，据说是北宋间的遗物，可想当年盛况。

转一圈回到山门，旁边石桌面上有文字，看似石碑残片，欲细读时山门处传来呵斥：怎么进来的？出去出去！再三解释来意仍被赶了出去，虽有小憾，比之前访云居不得入已是幸甚！

塔院外修了城市绿地，名为宝塔公园。拱桥池塘、风筝野餐，春意融融。公园里远望宝塔，四角修身，别具一格。塔后机器轰鸣正在工程建设，看告牌知是保圣寺文化园。回想刚才的忧心，《金刚经》云：“无我相、无人相、无众生相、无寿者相。离一切诸相，即名诸佛。”或是杞人忧天了！

[钱家村]大士庵

狮树钱家村河边的一座小庵堂，无足述者。门前桂花两株，河里舢板数条。

東溪庵

相国圩地区河网密布，狮树河边，就有东溪、南溪、双溪等小河叉。

庵即在东溪之畔，大殿一座。庵门紧闭，门口对联有李隆基《石台孝经》笔意。

高淳法雨之

两湖之間

石臼固城两湖之間，佳山秀水，佛寺亦得山水之靈氣。

玉泉古寺——西茅庵——鹫岭祗寺——水月庵——［河城村］观音庵——［南塘村］观音庵——药师庵——杨泗庙——白雀寺——［杨庄村］观音庵——宁青莲庵——圆通禅寺——净行寺——东林禅寺——广惠庵（广宁寺）——彰教寺——罗佛寺

玉泉古寺

寺在花山北麓，因山上涌泉清如碧玉，故以“玉泉”为名。寺不大，筑高台横于山腰，门向东南左右环抱，对面数峰绵延以为照，为“五虎卧守”之势，相传五代白衣居士罗隐有“地肖只狮含暖气，峰成五虎卧寒烟”的赞叹。寺建于明末，清初及民国均有修扩，大概是藏于山坳，得以保存，现在的格局是1995年经抢修后逐步建设而成的。

大殿五间为原构，看寺老人告诉我们：去年换了大殿中间的立柱。换下的木柱卧放在围墙边，身躯粗壮却已腐朽，好像述说着寺的悠久与曾经的辉煌。西厢房五间两层修整后用作寮房，东厢房拆除，改扩建为大愿殿三间。大雄宝殿之后建后配殿分别为三圣殿和观音殿，三圣殿前修玉泉楼，一侧立石麒麟门和牡丹亭。山门已重修，横刻石额“玉泉古寺”和门联“玉磬金钟敲佛地，泉声松韵锁禅门”文书俱佳，为清末高淳东坝名士胡齐佳手书。

寺用地不大，但建筑紧凑且条理分明，檐廊额枋上的花栱做得轻盈飘逸，恰合花山之名。院里有古黄杨一株，传为祖师手植，已经六百年了，树身苍瘤泛红，别有意趣。抵寺时已是下午四点，看寺老人已经准备关门谢客，推侧门而入，阳光已被山坳遮挡，寺里静谧无声，脚步不经意也轻了下来。几座大殿无论旧构修整还是新修扩建，均循古法，做得精致秀气，菩萨佛祖亦法相庄严。

寺里没有僧尼，据了解，管理者是高淳当地人，1995年抢修时由县文物保护单位所委托，修建的费用也多赖其筹措，近二十年的功德，才有了今天的气象，虽未谋面，持之以恒已堪足敬佩！

看寺老人一直默默地注视着我们，不好意思久扰，匆匆看过即准备离开。出门前看到墙角一枯枝，赫然绽放着一朵碗口大的白牡丹。花山牡丹久负盛名，“任凭地偏远，花好自名扬”。玉泉古寺和这牡丹一样，默默绽放在花山之麓。

西茅庵

庵在蒋山片区的花山公园内，坐落在固城湖东岸的花山脚下，始建于明永乐间（1403—1424年），原名西茅庵。这里修篁翠竹环抱，古木奇树掩映，鸟鸣空灵，溪唱幽静，是一处难得的养心怡情胜地。循着溪流，过石板桥，花山公园门头扑入眼帘。穿曲径二三十米，就见一绿阴掩映的庵堂。

庵面西，乃翻建仿古，三间重檐，青瓦白墙，木质朱红。遗憾的是风雨几百年，再也难寻当年风貌了。

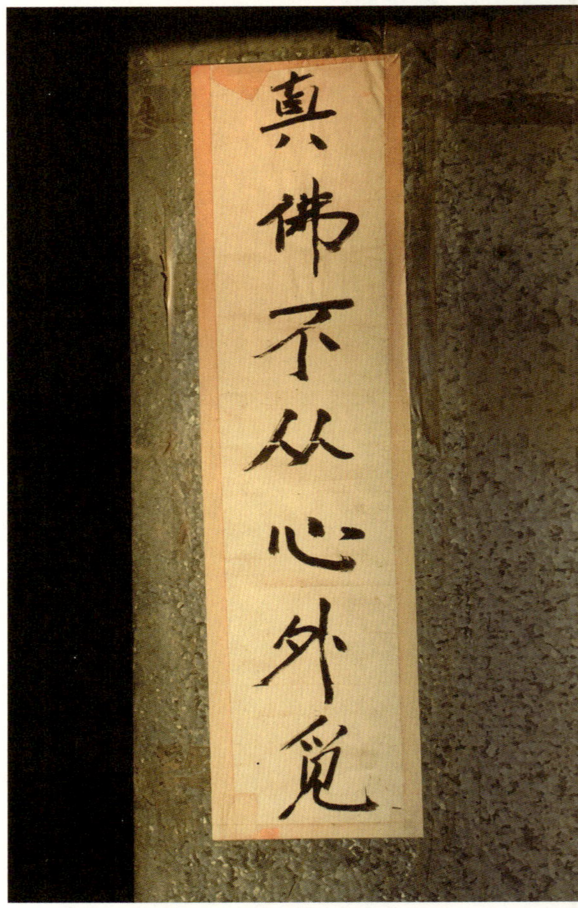

鹫嶺祇寺

固城秀山，山如其名。南麓依山势建有高台，其上为大雄宝殿，殿前平台宽广似佛陀灵鹫说法台。寺创于宋，高淳陶瓷厂建后拆除，十年前重建。

寺内造像圆润，集中置放于大殿之下，等待新建殿宇完工。大门所贴楹联，书法古拙，内容深邃。

水月庵

庵在驼头村正南的高地上，看“水月”二字就知道供奉的是观音菩萨。庵随地势而建不拘一格，正中有鼓楼一座，登之可远眺固城湖、游子山。正南新建观音阁，供奉三面千手观音，三面依次象征智慧、平安、仁慈。周围是观世音三十六教化化身相，在偏远村庙能看到如此庄严法相甚是难得。

碑载此庵历史千年，明代大盛，1996 年再建，惜难复旧观。

[河城村]觀音庵

河城村在吴越春秋时是百城之一，与固城齐名，村民大都是宋太宗赵光义的后裔。村里的道路如同蜘蛛网，暗合九宫八卦。村东赵氏宗祠、祠山大殿、文昌宫、药王庙、观音庵共同组成了一个建筑群。

庵的正殿供奉观音普贤文殊，造像可算精美。侧殿有一塑像是位歪嘴的菩萨，不知何指。

[南塘村] 觀音庵

庵乃南塘村民自建，未得入内。
门口的不锈钢香炉，颇为少见。

藥師庵

庵在固城镇北后埠村，仅三间一轩，轩廊处理得有点夸张。

楊泗廟

杨泗乃宋时湖南长沙人氏，传说七岁成神，因斩龙有功，封为将军，能镇水。溧水、高淳两地很多临水的地方都建有杨泗庙，巨道观或是佛寺，总能找到杨泗将军的身影，铠甲金盔，手执神器。

古柏镇封神渡桥边的杨泗庙，由僧人三持，因为曾失火几近荒废，佢熏黑的山门殿里还有香火。新建的大殿气宇轩昂，坐落于河畔。

白雀寺

沿杨泗庙前河堤北行，不远还有一处小庙，僧舍佛殿均是新建，主殿供观音。天色已晚，依稀辨得：白雀寺。

[楊莊村]觀音庵

庵在后杨村的龙王庙后，一间小佛殿。

倒是龙王庙值得一看，据说已有百年历史，木构石雕皆较为完整，现在作了老人协会。到访的时候，村里正在举办庙会庆功宴，大屋内弥漫着猪油的香味儿。

甯青蓮庵

古柏村，建村千年，一朝夷为平地。村里的宁青莲庵、天妃宫、大神堂等，一并要被拆除。

庵里的佛像已经搬迁，我们的到访所摄有可能是这个小庵在世上的最后一张影像了。

圓通禪寺

江张村的经济好，自建的禅寺也很大，目前已建成部分不过是占地的三分之一。问了师傅，空地上还要建一座宝塔和一个大愿念佛堂，因资金不足暂时搁置。现有建筑是 2005 年前后建成的，请了九华山的法师住持，颇有九华一带寺庙风格。

既是圆通禅寺，当然以供奉观音为主，除了近 30 米高的观音像，还专门有观音殿、千手观音殿。大雄宝殿则供奉三世佛和十八罗汉，寺里所有的佛像都塑了金身，金碧辉煌，颇为壮观。

寺东侧的莲花园修竹茂盛，六角形的观音殿隐于其中，还有个不知是何年代的汉白玉质送子观音搁在殿旁，不经意间蕴含的意境值得回味。

弥勒殿和千手观音殿可能是寺里最好的一组建筑了，尺度把握得不错，虽是仿古的混凝土结构，彩绘的高水平提升了不少品质，尤其是弥勒殿的四大金刚和院里的十殿阎王有森罗万象之功。其后的大雄宝殿则有镇世之量，塑像金身已经五六年了，依旧光彩照人，殿内的格局不错，法相庄严。两座佛殿，两样感受，建造者的功力可叹。

净行寺

寺在县城东北三千米，体育馆正对面。《高淳县志》载：“周有黎姓结庐其地，汉明帝时有僧构室诵经取名潘城道场。”

寺始建于唐中和三年（883 年），李白游丹阳湖时曾宿于内，宋时参知政事魏良臣因议和有功，净行寺封于魏氏为香火院。至民国，高淳县佛教协会成立，就设在寺里。之后遭日军烧毁，只余下佛殿和厢房，所藏历朝御赏及大量佛经均损。1946 年高淳恢复佛教支会，修复了净行寺部分建筑，国民政府元老于右任题写了“魏氏总祠”“楚风汉韵”“江南圣地”三块匾额。解放后的 1960 年代，终被拆除。

寺现有佛殿一座，砖瓦平房五间，寺周杂乱，正筹备扩建。

東林禪寺

寺在县道 301 上袁村路边，前后三进，前两进为山门、大雄宝殿，后一进是新建，乃为南京地区唯一的月身宝殿。

殿内月身菩萨坐于莲台之上，如老尼入定。询问寺内客常得知：月身菩萨是前任主持，老尼清末出生，三岁入寺，一生修行，神通无边。

殿前三座舍利塔，左一为最早有记载的主持林道士舍利塔。道士主持佛寺古已有之，只要一心向善，佛道就是一家。诸恶莫作，众善奉行，自净其意，是诸佛教。

廣惠庵（廣甯寺）

庵在古柏镇西、凤绮村和柳家村之间的一片稻田里，又名广宁寺，临水而建。

庵不大，特别处在于杨泗菩萨单独面水而建。吴姓村民出来介绍：庵前水口通江达海，杨泗菩萨为最灵验者。一旁的河边，妇人洗衣摘菜，一片安详和谐。

彰教寺

高淳的古柏一带有句话叫“先有彰教寺，后有石臼湖”，寺始于唐，湖的名字则出现在北宋。彰教寺是高淳历史上知名的佛寺，占据了整个凤凰山，周边还有良书阁、听笙阁、藕花庵、师放居、卧云堂、招远庵等，和山下的韩府、韩式宗祠连成一片。

如今的韩村依然是个大村，但彰教寺则只是山坡上的一座大殿、一间寮房而已了。殿里塑像金身法相庄严，门外遗存的青石立柱、柱础、经幢不少，依稀可见原来风貌。彰教寺有藏名楹联：“彰善除恶，莫非为导民向义。教忠行仁，也只要任职无私。”佛家知行，一言以蔽之，立意很高。

羅佛寺

寺在溧水和凤与高淳古柏之间的戴家城村。平房一间，门窗皆闭，有粉笔书写楹联："大千世界，不二法门。"门前香台上香灰尚温，恐是烧香人离去不久。

寺后小山，巨木苍天，藤萝密布。山后有财神殿，供文武财神。吾亦爱财，谁又不爱？捐功德，叩拜之，悄离去。

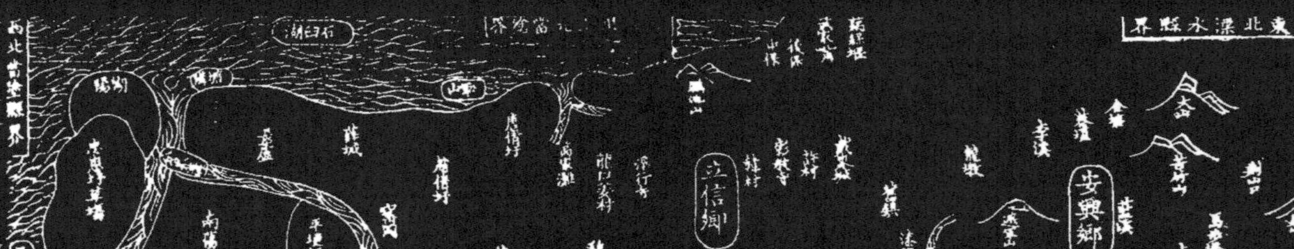
西北當塗縣界
正西當塗縣界
西南宣城縣界
東北溧水縣界
東南建平縣界
高淳縣
儒學
崇教鄉
永豐鄉
永寧鄉
立信鄉
安興鄉
遊山鄉
唐昌鄉

高淳法雨之

游山真如

游子山對于高淳，亦如鍾山之于金陵。山上儒釋道各有一方天下，佛占大半。

真如禅寺（真武庙）——石龙寺——伴云寺（青阳殿）——懒云寺——华严寺——儒童寺——［义庄村］观音庵——［三条陇］观音庵——甘霖庵——禅河庵——白云庵——觉海下院——南北禅寺——［傅家坛］大士庵

真如禪寺（真武廟）

寺在高淳东南的游子山中。游子山，曾名梁山、绵山，据说孔子周游列国时登上此山，产生了游子思归的念头，后人遂将之更名为游子山。真如禅寺的前身是游子山真武庙，始建于明万历间（1573—1620 年），明末才由僧人住持并逐步发展，清时数次被毁又被募化重建，逐步形成游子山昌盛的佛道文化。山下庙宇也众多，山里还有懒云寺、伴云寺、石龙寺等。高淳民间一直认为，地藏王菩萨来华的第一落脚之处就是游子山，每年的正月十五，高淳人都喜欢到山上转转，称为“晒晦”。

1997 年寺得重建，高淳佛教协会和九华山佛教协会合作，在真武庙旧址重修佛教寺院，更名为真如禅寺，并为安徽九华山旃檀林下院，建设格局也参照主寺。走过山门就可以看见一尊号称华东第一大石佛的阿弥陀佛，贴金后更显庄严。

大概是分期建设的缘故，早期的大殿风格和后建的四座并不统一，整体上看有些散乱。不过寺里最重要的四座大殿：大雄宝殿、大悲宝殿、大愿宝殿、玉佛殿，都是砖木结构，前有轩廊，柱雕蟠龙，上下以石雕莲花承托。内部结构亦合规制，建造上乘；供佛像或木或玉，工艺精美，总体上仍可称之为高淳地区首屈一指。

山门有对联：“真心、真愿、真解脱，当其时谁能从真；如来、如佛、如贤哲，今之日哪个犹如？”佛家的真如说得是真实不虚，如常不变。寺名真如，立意不可谓不高。

进寺收门票每人 40 元，国内对此类做法已是非议种种，佛门中人也看法不一。把寺庙做景点，也是所谓的文化搭台经济唱戏吧？手里捏着的是纸做的门票，心里筑起的却是愿的高墙，乃说真是真相，如是如此，真相如此，故名真如！

玉佛殿

石龍寺

寺在游子山南山腰，山势盘曲，隐若龙转。寺不大，平房两排，大雄宝殿设在寺左侧略高的房屋内，院内有八角亭一座供奉弥勒韦陀，权作山门。

照看石龙寺的是一名中年男子，正在用混凝土制作香炉，神情一丝不苟。问及寺之由来，遂眼神一亮，手指后山：原有两块巨石伏于山脊，形似二龙戏珠，正中有石似龙椅，寺在椅前，可惜开山取石炸毁了。言毕，旋即落寞严肃下来 。

伴雲寺（青陽殿）

寺在石龙寺上行百米处，门额却写青阳殿，一副楹联点明关系：“十殿地藏观世音，伴云青阳真如来。”

寺里在做法事，梵音绕耳，香烟渺渺。前殿杂供十殿阎王牛头马面、南海观音生死判官，形象简易。

门侧有碑述寺之前世今生：“南宋始建晚清兴盛，‘文革’期间拆除，古寺消踪圣地荒墟……”后殿供奉地藏，形制与九华山无二。

门口的香客说此地和安徽青阳九华山一样灵验，信众亦将之视作青阳，生来死往皆经于此。院内人声熙熙，几位老太太正在忙碌着大家的午餐。

懶雲寺

寺在山之西麓，名字来自创寺主持尼释濑云，后传为懒云。寺仅两进一院，东侧寮房五间，山门殿主尊供关公稍有不同。

寺是附近八个村子合力兴建，荒废了一段时间，才请到真如禅寺的师傅前来住持，虽然时间不长，已将这里整理得干干净净。师傅说自己喜欢清静，又指着寺西侧的空地说要在那儿建几座大殿，看来壮心未已。

華嚴寺

寺在游子山东两里小茅山，上城路口。仅平房一间，大门紧闭，阶上爬满青苔，怕是太久人迹罕至了。贴门缝向里张望，圣像蒙灰，蛛网四布。

门前的香炉却置放着一尊精美的瓷观音像，如《华严经》所云：“知一切法，皆是自心，而无所著。”

儒童寺

明清时凡习举业通过了县试府试，但未取得生员（秀才）资格的读书人，不论年龄大小，皆称童生，别称儒童。《清净法行经》载：“佛遣三弟子震旦教化：儒童菩萨，彼称孔丘；光净菩萨，彼称颜渊；摩诃迦叶，彼称老子。”游子山下高家村，自古建有孔子祠，最早可溯至唐，后世改为儒童寺。

在高家村口停车问路，妇人指点并带至巷口。村内环境整洁，路边三两老人正坐着晒太阳。听说我们在找儒童寺，都积板地演义起各种传说：话说古寺原来很大，有和尚三千……猜想可能从孔子门人三千演绎而来。

前几年村内池塘清理挖出石观音像一尊，就放在寺里供奉。寺旁小桥流水，屋后细竹几丛，颇有清幽。寺里也现代，谁来拜佛自己投币用电。真乃自性自度，是名真度。

［義莊村］觀音庵

庵在东坝义庄村，前有水塘，清澈见底，有村民洗衣淘米。庵仅大殿三间一轩，吊诡的是轩廊立柱乃是科林斯柱式。

庵前立清末功德碑，载供养人纹银二两，做功德古今一致。

[三條隴] 觀音庵

庵在东坝青山茶场南，曹家庄和下刘家村之间。青山茶场是高淳的茶叶生产中心，山势平缓，翡翠铺陈，千里茶园是庵之靠山。传说三条陇为三条龙所化陇埂，庵就处在三条龙的护佑之下。庵之修建大概始于明，传说这里是安徽通往南京的官道，修有茶亭供路人歇脚，后来村里把茶亭改成寺庙，又搞了庙会。

曹家庄人世代信佛，庵即由庄人主持、附近十几个村子捐资参与修建的，是南京为数不多保有古建的寺庙，规模在民间也算是较大的了。细看碑记，老房子建于清，重修于民国，内供的观音像则有七百年历史，还有一尊韦陀像也是老物件。来之前一直担心观音庵的老房子是否还存着，看到古建部分只是维修并未改建，心下稍慰，当地信众对保护传承算得上用心了。

和高淳的大多村庙一样，三条陇观音庵也是佛道共祀，不仅佛像精美，存放的傩戏面具更是雕工繁复，美轮美奂。每年庙会"出菩萨"异常热闹，2009 年建成三观楼台戏楼后，更是每年延请外地戏班来此演出，周边上刘家、下刘家、陇上、青山等十多个村庄有上万村民前来看戏，热闹非常。

在庵里偶遇观音庙会的会长，人很热情，向我们介绍寺庙的种种：观音庵的新建扩建都是村里人投资，自己的儿子也捐了 30 万建了露天观音立像，凡此皆为自愿不求回报。交谈中看得出来，过往的村民对会长都极为尊敬，观音庵有今日盛景，和他的关系密不可分。

甘霖庵

庵在东坝孙家村，1996 年第三次重建。其内供奉颇具特色，孔夫子赵公明并列，龙王地藏合供。侧殿供沙婆婆痣婆婆。

门口的石狮子，竟被刷成了蓝色。庵的前脸也形制特别，在南京还是第一次见到，不知其本为何?

禅河庵

庵在松儿铺村西，始建于宋，有骚客诗咏流传。1990 年代重建，类似于云南民居“一颗印”布局，只剩下门额还是个老物件了。

庵小，无甚可观，惟整洁适宜，周植修竹，树木茂盛；其前禅河，缓缓流过，景致幽邃。赞曰：“禅河灵气溢古庵，大佛慈悲渡苍生。”

白雲庵

庵在东坝下庄村东农田中，始建于明弘治八年（1495 年）。现为两进三间，山墙与砖砌花格围墙相连，形成院落。前进用以议事设宴，后进正中有药师佛、释迦牟尼佛和阿弥陀佛，大佛东有圣母，西有送子观音。庵前两侧有厢房，估计是村上办公之所。

庵前田间有数人劳作，见到我们热情地打招呼：下来看看啊！仿佛就是熟人间的问候 。

覺海下院

寺在枫园村口，有大雄宝殿一座，寮房数间，果海师傅捐资兴建。师傅亦是觉海禅寺住持，或是寺名的由来。

殿内圣像尚未完备，殿前香炉三足有些残破。询问院内看门人，不知所以。

南北禪寺

寺在东坝显塘冲。路上远远的就能看到高大的观音立像，到近前才发觉大门牌坊并没有对着禅寺，而是正对吕氏宗祠。门内石刻八仙造像立于两边，禅寺在右侧，三座大殿供奉观音、三世佛、金地藏。山门殿修在观音殿前，内院供十殿阎王。大雄宝殿、地藏宝殿则在院落之外与观音殿一字排列，殿前有广场，正中立南海观音面朝东南，其他如斋堂、僧房皆建于东北。

墙角靠立着数块功德碑，载明是果海师傅的功德。师傅俗姓吕，暗合寺院格局，有意无意？无解。

[傅家壜]大士庵

庵在东坝傅家坛村。傅家坛原名尊观坛，傅氏始祖为避战乱，北宋后期自江西外逃，携家带眷，挑箩拎篮，风餐露宿，途经尊观坛的观音庵时，担中小猫跳落于地伏地不走，故而一家就在此结茅安家，改尊观坛为傅家坛。清康熙间（1662—1722 年）庵得重建，扩大了规模；1994 年村里筹资修复了抗战及“文革”中损毁的房屋、神像；这些在庵里碑记上都记载凿凿。

庵和高淳其他的村庙一样，祠山、佛道共处，没有僧尼，由村民自己管理。庵内制度不打斋不跳神，只做善事。每年三次观音出巡由各村轮流主持，财务公开张榜公布，欢迎村民监督查看。

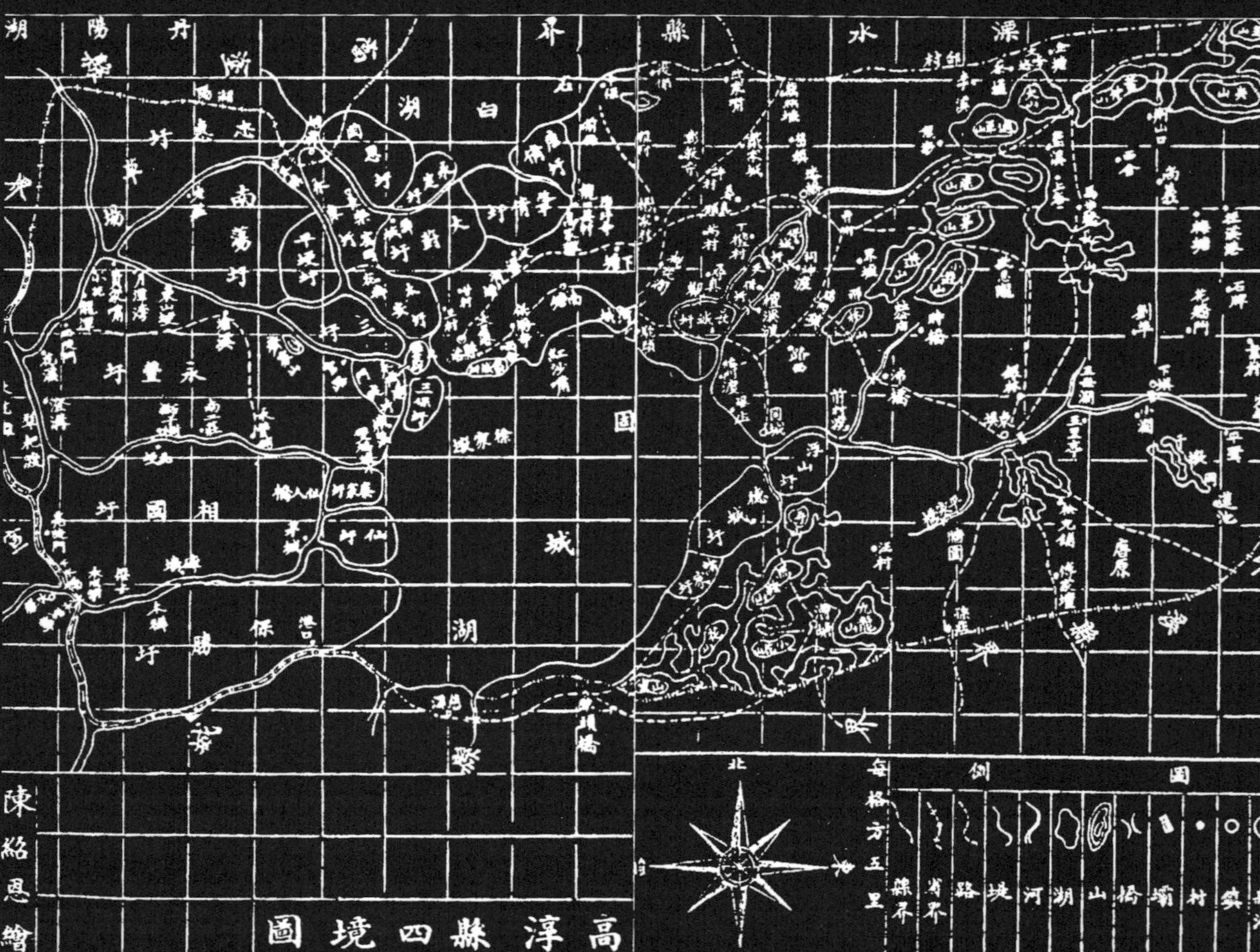

高淳縣四境圖
陳紹恩繪
北
圖例
每格方五里
縣界
省界
路
堤
河
湖
山
橋
壩
村
鎮
縣治

高淳法雨之

慢城佛語

慢城近年来成了高淳的名片，深根于寺院的高淳風俗當然也是名片的一部分。

大山寺（大山头庙群）——都府寺（都府殿、张巡将军庙）——永庆寺（永庆庵）——永寿庵——万善庵——灵圣仙寺（云圣仙寺）——光华寺——镇垅庵——云水庵（云亭庵）——普济寺——新园寺——永镇古庵（花庙）

大山寺（大山頭廟群）

寺的前身是大山头庙群，始建于何时已不可考。所在的大山在高淳民间视为龙头山，由北向南绵延小山、木成山、坟山、西山、苦竹山、遮军山、三条垄一直到游子山为龙尾。山上建文峰塔为龙角，是这一带有名的风水塔。大山头庙群供奉祠山、观音、关公等大小菩萨二百多尊，最有名的是阎王殿，传说殿内雕像都是黄杨木雕，布满机关，可睁眼伸手，栩栩如生。庙群和文峰塔在抗战中被毁。

从寺里的碑记了解，大山寺是2003年由山下大山村等13个村子集资修建的。寺建在山腰坳口里，仅二进，大殿之后一排辅殿，左侧小山上建观音殿，殿前小亭可眺右侧山顶的文峰塔。主殿供三世佛，两侧紧挨着建了阎王殿，供十殿阎王。入殿前左右可见黑白无常，颇有喜感：黑无常哭丧着脸，高高的帽子上写着“天下太平”，白无常眼眶流血，吐出长舌，帽额却书“一见生财”。细想一下，倒也颇有深意。

寺前台阶下建有戏台，为庙会之用，庙会上演出的“大山钗”已经列入非物质文化遗产。大山寺的风景不错，是高淳慢城五大景区中文化慢城的主要景点，寺虽为乡村寺庙，宗教管理部门还是派驻了僧人住持，长远还规划了大山文化公园。山下的大山村也已发展了客栈与农家乐，也许现在所见的大山寺，不久之后就会变样了。

都府寺（都府殿、張巡将軍廟）

寺原为都府殿，又叫张巡将军庙，是当地村民自建。张巡系河南邓州人，唐末安史之乱中保卫宁陵睢阳有功，诏拜为河南节度刺使御史中丞，死后追赠扬州大都督。都府殿始于何时已不可考，但寺内留有清乾隆间（1736—1795 年）所刻砚池，数百年香火未断。1960 年代寺被拆除，1990 年代重建，现在的三间二进加天井的纪念馆是 2000 年前后建设的，除了纪念馆和一侧的三间偏房，都府殿两侧还有二座大殿，一座已建成，供奉观音和地藏，另一座基础也已完工。大殿和牌坊之间建有戏台，1995 年就落成了。

想必是发展慢城旅游，规范管理，政府才改殿建寺的。这里每年的三月十五至十七都要邀请戏班唱大戏为张巡庆生，演出费用由村民自发捐助。改殿建寺后，政府、僧人和村民之间，会是种什么样的关系呢？

永慶寺（永慶庵）

寺在桠溪荆山，原名永庆庵。这里已是高淳的边界，一边和溧阳接壤，荆山又横跨溧水和高淳两区。寺是清构，乃南京市文物保护单位。永庆庵始建于元，鼎盛时有三百多僧侣，佛堂经舍九十九间。后毁于太平天国战火，清末重建保存至今，和其地理位置的偏僻不无关系。解放后曾做过养老院，“文革”时安置知青躲过了劫难。2013 年大修，寺里的老人说之前的墙已经塌了，屋顶也开了天窗，房子没人管，村里用来养鸡养鸭。亏得桠溪的慢城计划，才有机会焕发新生。

当地流传永庆寺也叫金山寺，白娘子水漫金山的地方不在镇江而在这里。又说大门东向是因为向青龙而开，皇帝也曾到过这里，里面还有一段凄美的爱情故事，永庆庵的名字亦来源于此。这些传说未见任何记载，但也无需考证，当做轶闻使得过往变得鲜活起来。

县道 201 过荆山，道旁有小路绕荆山一周，两个路口进去都能到永庆寺，两条路却各有风景，一条隐于竹林，另一条沿山坡而行可望山下田园，一收一放张弛有度。
藏在深处的永庆寺，竹林掩屋，沧桑清冷。因为是文物保护单位，重修尊重了原貌，新请的天王立于前殿，给素色的木作添了些彩，和寺前古树青砖相比，清冷下倒衬出佛门的温融来。南边侧院里碎砖石几许，一座舍利塔矗立其间，默然无语，有着沧桑后的孤独。

慢城开发使得永庆重生，但深入的商业运作又会否过犹不及呢？

永寿庵

庵在荆山南的尚义村，与祠山殿、大戏楼等围着晒场坐落。

庵内观世音菩萨唱念一直循环地播放着，老人们则在树荫下悠闲自得。

万善庵

庵在东沟里田间，与杨氏宗祠为邻。

到访时庵前正搭建着戏台。庵内供诸佛神仙，其中的祠山傩具颇值一观 。

靈聖仙寺（雲聖仙寺）

寺在上官庄，存民国佛殿一座，列入不可移动文物名录。

寺名灵圣仙，亦有称之云圣仙者，与乾隆皇帝给灵隐寺题名写错、将错就错的故事异曲同工。

额悬寺名，侧开小门却书福德祠，一方土地终与西天佛祖平起平坐，真是县官不如现管啊！

光華寺

寺在鲁村村口，一座佛殿，周围还建有土地庙，茅山道宫和戏台。

佛殿、造像一般，倒是土地庙坐于榆树之下，正对村口小塘，塘内荷叶连连，颇有董永七仙女相会的场景。

镇壠庵

庵在汤村村口，省道 246 边小路进入，首先看到的是玉清宝殿、老人会和戏台。转了一圈，一旁不起眼的小院才是镇垅庵。

庵是明代古庵，原有二进，类似“一颗印”民居布局，2004 年落架重修成了现在的样子，老物件只留了少量木构和石柱础，供奉的是孔圣与关公。

庵名镇垅，传说因朱元璋建寺镇龙得名。汤村人不姓汤，而是王姓为主，也有故事。在汤村，镇垅庵的“年纪”是最老的。

雲水庵（雲亭庵）

庵在固城大全村，又名云亭庵。面朝胥河，背倚村落，小有风景。

可查历史为清道光（1821—1850年）水圮，咸丰（1851—1861年）重建，1954年又毁于洪水。2006年重建大雄宝殿，三间一轩，古法木作，供观音、地藏、关公。

普济寺

寺距云水庵的直线距离不到一千米，却因隔着胥河，需绕道十几公里才能到达，位于周岗村西南，临水而建，水路直通胥河。

寺始于南宋，据说是座大寺，遗迹已荡然无存。现在的普济寺，是在1905年菩萨显灵事件所建月圣殿基础上重建的。1954年月圣殿被大水冲毁，基址改建了学校，直到1995年，村里把散于各处的小庙集中起来，又把教室改建成了寺庙，2009年正殿改造后又建了月身殿。

寺的主体围绕桥头空地而建，大殿二进三间，轴线略偏无院落，供奉佛像很齐全，弥勒韦陀、天王罗汉、观音和三世佛，还上了金身。月身殿里供肉身地藏，对面的偏殿里龙王、圣母、五猖、祠山齐聚，桥头还在建戏台一座。如此看来，普济寺在高淳算得上集大全的寺庙了，周岗村的信仰力量也着实不弱。

新圂寺

寺在花义村口芜太路边，兼为村里的文化活动中心。

永镇古庵（花廟）

庵又名花庙，创建于宋元之际，毁于太平天国，清末重建，建国后以花庙为地名。1960 年代被拆，现在的小庵是 1998 年在旧址上重建的。

庵修得简单，三间两进一院，民居做法，没有高淳地区寺庙常见的马头墙。内院外墙上镶了几块石碑，是道光和光绪的功德碑。几位老人在庵里闲聊，兴致勃勃地带我们去看隔壁的祠山大帝面具，头冠上一百零八将是我们在高淳所见最大的。

跋

我们都爱访寺拜佛，屈指算来也有头二十年了。尤以东泉兄（成昆）为甚，其人有慧根，闲来无事便扒扒地图，寻寻佛踪，又爱诌些感想，连同随意拍拍，发发个人空间，时间久了也积攒了不少。一日，聊摆龙门阵，忽发奇想，为什么不整理整理结集出版，一来给生于斯养于斯的南京城留个念想，二来也是兄弟们结伴野游的友谊见证，他们是嵇卫中、方信、丁颢、程浩、包忠、朱渊……众皆响应。

出书可不是闹着玩的，订计划、拟线路、攒文字、拍影像、整排版等等，繁琐费时，还得时不时应对突发事件，诸如迷路、狂雨、雪夜、爆胎等，幸有聿川兄淡定从容，举重若轻，不紊牵头。

时间过得很快，一路寻访下来，一年也就倏然过去了。尘埃落定后的回想里，印象最深的却还是每每在佛前定神的那一刹。

在开头的序里，聿川兄的结束语用了这样一句话：“寻访为录，此大匠度人之法也。”其实，所谓度人就是在度己，只有自度，才能度他。为什么要度？芸芸众生，本无差别，心性一样，区别在迷悟而已。

《华严经》载：“如来成正觉时，叹曰：奇哉奇哉！一切众生，皆具如来智慧德相。但以妄想执著，而不证得。若离妄想，则一切智、自然智、无碍智，则得现前。”

二零一五年十月于成贤街（明雨雍旧地）

图书在版编目（CIP）数据

空门寂路：南京佛寺寻访 / 沈旸，毛聿川，戴成崑著. -- 南京：东南大学出版社，2016. 1

ISBN 978-7-5641-6340-2

Ⅰ. ①空… Ⅱ. ①沈… ②毛… ③戴… Ⅲ. ①佛教-寺庙-介绍-南京市 Ⅳ. ①B947. 253. 1

中国版本图书馆 CIP 数据核字（2016）第 018572 号

书　　名：空门寂路——南京佛寺寻访
著　　者：沈　旸　毛聿川　戴成崑
责任编辑：戴　丽
文字编辑：张万莹　贺玮玮
责任印制：张文礼

出版发行：东南大学出版社
社　　址：南京市四牌楼 2 号　邮编：210096
网　　址：http://www.seupress.com
出 版 人：江建中

印　　刷：上海雅昌艺术印刷有限公司
开　　本：889mm×1194mm　1/16　印　张：17　字　数：400 千字
版　　次：2016 年 1 月第 1 版　2016 年 1 月第 1 次印刷
书　　号：ISBN 978-7-5641-6340-2
定　　价：150.00 元

经　　销：全国各地新华书店
发行热线：025-83790519　83791830
